미래엔이 만든 초등 전과목 온라인 학습 플랫폼

무약정
기간 약정, 기기 약정 없이 학습 기간을 내 마음대로

모든 기기 학습 가능
내가 가지고 있는 스마트 기기로 언제 어디서나

부담 없는 교육비
교육비 부담 줄이고 초등 전 과목 학습 가능

원하는 학습을 마음대로 골라서!
초등 전과목 & 프리미엄 학습을
자유롭게 선택하세요

학교 진도에 맞춰
초등 전과목을
자기주도학습 하고 싶다면?

아이 공부 스타일에 맞춘
AI 추천 지문으로
문해력을 강화하고 싶다면?

하루 30분씩
수준별 맞춤 학습으로
수학 실력을 키우고 싶다면?

국어 수학 사회 과학 영어
전 과목 교과 학습

AI 독해력
강화솔루션

AI 수학실력
강화솔루션

누가 무엇을 했는지 알기 ①

🌰 다음은 누가 한 일인가요? 빈칸에 들어갈 알맞은 이름을 쓰세요.

☐☐ 가 힘들게 일을 하고 있어요.

글을 읽는 첫 번째 단계는 누가 무엇을 했는지 찾는 것이에요. 누가 무엇을 했는지, 어떤 일이 일어났는지를 알면 글을 이해하기가 쉬워져요. 이때 '누가'는 글에 등장하는 인물로, 사람이나 동물이 될 수도 있고, 물건이 될 수도 있어요. 자, 이제 글에서 누가 무엇을 했는지 찾아볼까요?

1 다음 글을 읽고, 누가 무엇을 했는지 알아보아요.

학교를 마치고 토순이와 다람이는 놀이터에서 만났습니다. 그리고 술래잡기를 하며 놀았습니다. 토순이가 술래가 되었습니다. 다람이는 토순이를 피해 달렸습니다. 그러다가 그만 토순이와 부딪혔습니다. 토순이가 넘어져서 울었습니다.

"토순아, 미안해."

다람이는 얼른 토순이에게 사과를 하였습니다.

"괜찮아."

사과를 받아 준 토순이는 다람이와 다시 사이좋게 놀았습니다.

 💡 글에 '누가' 나오는지 찾으려면, 글에서 말과 행동을 하는 인물을 찾으면 됩니다.

이 글에는 '누가' 나오나요? 알맞은 것을 두 가지 골라 ○표 하세요.

토순이 ☐   다람이 ☐   선생님 ☐

 이 글에서 토순이와 다람이는 '무엇을' 했나요? 알맞은 것에 ○표 하세요.

학교에서 공부를 했다.	놀이터에서 술래잡기를 했다.
( )	( )

 토순이와 다람이가 한 일로 알맞은 것을 찾아 선으로 이어 보세요.

토순이 •   • 넘어져서 울었다.

다람이 •   • 얼른 사과했다.

② 다음 글을 읽고, 누가 무엇을 했는지 알아보아요.

신영이는 고구마를 캐러 시골에 갔습니다. 고구마밭에 가자마자 할머니께 고구마 캐는 방법을 배웠습니다. 신영이는 호미로 땅을 파서 조심스럽게 고구마를 캤습니다.

"와! 고구마가 땅속에 숨어 있었네."

신영이는 고구마가 땅속에서 주렁주렁 나오는 모습이 마냥 신기하였습니다.

밭에서 돌아온 할머니께서는 고구마를 삶아 주셨습니다. 달콤한 냄새가 온 집 안에 퍼졌습니다.

 이 글에는 '누가' 나오나요? 알맞은 것을 두 가지 고르세요. (,   )

① 신영이   ② 할머니   ③ 할아버지
④ 신영이 동생   ⑤ 신영이 친구

💡 '누가'를 찾았으면, 누가 '어떤 말이나 행동'을 했는지도 함께 살펴보세요.

 신영이는 '무엇을' 했나요? 빈칸에 들어갈 알맞은 말을 이 글에서 찾아 쓰세요.

신영이는 [ ][ ][ ] 를 캤습니다.

 신영이가 한 일로 알맞은 것을 두 가지 골라 ○표 하세요.

시골에 갔다.	고구마 캐는 방법을 배웠다.	밭에서 돌아와 고구마를 삶았다.
( )	( )	( )

뜻이 반대되는 말

○ 다음 밑줄 친 말과 뜻이 반대되는 말을 골라 ○표 하세요.

숙제를 <u>마치다</u>.

시작하다   맞추다

동생이 슬퍼서 엉엉 <u>울다</u>.

화나다   웃다

우리는 좋아하는 음식이 <u>같다</u>.

비슷하다   다르다

키가 커져서 바지가 <u>짧다</u>.

가볍다   길다

누가 무엇을 했는지 알기 ❷

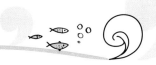

🌳 다음 초대장을 읽고 물음에 답해 봅시다.

초 대 장

예준아, 이번 주 토요일이 내 생일이야.

바쁘지 않으면 우리 집에 와서 축하해 줄래?

네가 내 생일잔치에 와 준다면 참 기쁠 거야.

엄마와 함께 맛있는 쿠키도 구울 생각이야.

너랑 나누어 먹고 싶어.

참, 선물은 준비 안 해도 돼. 너 용돈 다 썼다고 했잖아. 그냥 와.

장소 : 미래 아파트 101동 301호

시간 : 이번 주 토요일 오후 3시

- 네 친구 하진이가 -

1 다음은 '누가' 한 일인가요? 알맞은 친구에게 ○표 하세요.

생일잔치 초대장을 만들었다.

예준   하진
(   )   (   )

🌳 **다음 편지를 읽고 물음에 답해 봅시다.**

선생님께

　선생님, 저 소희예요. 잘 지내고 계시지요?

　저는 이번 여름 방학에 가족들과 함께 바다로 여행을 다녀왔어요.

　바다에 도착해서 동생과 함께 조개를 잡았어요. 처음에는 무엇이 조개인지 몰랐는데, 호미로 갯벌을 파니까 예쁜 조개가 나왔어요. 생각보다 조개를 캐는 것은 무척 힘들었어요. 그래서 다른 사람이 조개 캐는 것을 구경했어요.

　오후에는 바다에서 부모님과 함께 수영을 했어요. 갑자기 파도가 쳐서 바닷물을 먹기도 했어요. 눈에도 바닷물이 들어갔는데 무척 따가웠어요. 그래도 수영은 무척 재미있었어요.

　저녁에는 낮에 잡은 조개를 넣은 맛있는 라면을 먹었어요. 조개가 들어가니까 맛이 더 좋았어요. 직접 잡은 조개를 먹으니 무척 신기했어요.

　이제 곧 개학이네요. 방학이 끝나서 아쉽지만, 선생님을 다시 뵐 수 있어서 아주 기뻐요.

20○○년 8월 9일

소희 올림

2　누가 누구에게 쓴 편지인가요? 알맞은 것에 ○표 하세요.

선생님이 소희에게 쓴 편지	소희가 선생님께 쓴 편지
(　　　)	(　　　)

3　소희가 여름 방학에 다녀온 곳은 어디인가요? 알맞은 것에 ○표 하세요.

산　　　　　바다　　　　　계곡　　　　　놀이공원

☐　　　　　☐　　　　　☐　　　　　☐

4 이 글에서 소희가 한 일이 <u>아닌</u> 것은 무엇인가요? (   )

① 동생과 함께 조개 잡기

② 친구들과 모래 놀이 하기

③ 부모님과 바다에서 수영하기

④ 자신이 잡은 조개를 넣은 라면 먹기

⑤ 다른 사람이 조개 캐는 모습을 구경하기

5 이 글에서 소희가 한 일과 그때의 기분으로 알맞은 것을 찾아 선으로 이어 보세요.

(1) •

(2) •

(3) •

• 편안했다.

• 힘들었다.

• 쓸쓸했다.

• 재미있었다.

• 신기했다.

• 따분했다.

6 빈칸에 알맞은 말을 써서, 이 글의 내용을 정리해 보세요.

　　　　가 여름 방학에 바다로 여행 다녀온 일을 선생님께 전하고 있습니다.

높임 표현

○ 다음 그림을 보고, 밑줄 친 말의 높임 표현을 찾아 선으로 이어 보세요.

할머니를 <u>만나다</u>.

어머니께 선물을 <u>주다</u>.

선생님께 <u>묻다</u>.

뵙다

여쭈다

드리다

누가 무엇을 했는지 알기 ❸

🌳 **다음 글을 읽고 물음에 답해 봅시다.**

개미는 독특한 냄새를 남깁니다. 먼저 간 개미는 나중에 올 개미가 길을 잃지 않도록 냄새를 묻히며 기어갑니다. 뒤에 따라오는 개미들은 그 냄새를 맡으며 같은 길을 가게 됩니다. 개미들이 서로 다른 길을 가지 않는 까닭이 여기에 있습니다.

1 이 글에서 개미는 '무엇을' 한다고 했나요? 알맞은 것에 ○표 하세요.

독특한 냄새를 남긴다.	길을 쉽게 잃어버린다.
( )	( )

2 개미들이 서로 같은 길을 가게 되는 까닭은 무엇인가요? ( )

① 먼저 간 개미가 말로 전해 주어서

② 먼저 가는 개미를 잘 보면서 가서

③ 나중에 오는 개미가 먹이를 남기고 가서

④ 나중에 오는 개미가 노래를 불러 주어서

⑤ 먼저 간 개미가 길에 냄새를 묻히면서 가서

🌳 **다음 글을 읽고 물음에 답해 봅시다.**

황새는 한쪽 다리로 서서 잡니다. 부리를 깃털 사이에 파묻고 다른 한쪽 다리는 접어서 깃털 사이에 넣습니다. 이렇게 하면 몸의 열이 빠져나가는 것을 줄일 수 있습니다. 이렇듯 황새는 추위로부터 몸을 보호하기 위해 서서 잡니다.

기린도 서서 꾸벅꾸벅 조는 듯이 잡니다. 기린은 목과 다리가 길어 누웠다 일어나려면 한참 걸립니다. 그러므로 누워서 자다가 사자나 표범과 같은 적이 다가오면 매우 위험합니다. 그래서 기린은 적이 나타나면 빨리 도망가기 쉽게 서서 잡니다.

박쥐는 거꾸로 매달려 잠을 잡니다. 박쥐의 다리는 근육이 없어서 바닥을 딛고 바로 서지 못합니다. 대신 갈고리 모양으로 생긴 발이 있어서 거꾸로 매달려 있을 수 있습니다. 그래서 잘 때에도 거꾸로 매달려 잘 수 있습니다. 박쥐는 겨울잠을 자는 긴 시간 동안에도 거꾸로 매달려 잡니다.

3 누가 어떤 모습으로 잠을 자나요? 알맞은 것을 찾아 선으로 이어 보세요.

황새	ㆍ
기린	ㆍ
박쥐	ㆍ

ㆍ 서서 잔다.

ㆍ 거꾸로 매달려 잔다.

4 황새에 대한 설명으로 알맞은 것에 ○표 하세요.

> 두 쪽 다리를
> 깃털 사이에 넣고 잔다.
>
> (   )

> 부리를 깃털 사이에 파묻고,
> 한쪽 다리를 깃털 사이에 넣고 잔다.
>
> (   )

5 기린이 서서 자는 까닭으로 알맞은 것은 무엇인가요? (   )

① 천천히 잠들기 위해서
② 먹이를 더 많이 먹기 위해서
③ 더위로부터 몸을 보호하기 위해서
④ 추위로부터 몸을 보호하기 위해서
⑤ 적으로부터 빨리 도망가기 위해서

6 박쥐에 대한 설명으로 알맞은 것은 무엇인가요? (   )

① 누워서 잠을 잔다.
② 다리에 근육이 많다.
③ 겨울잠을 자지 않는다.
④ 발이 갈고리 모양으로 생겼다.
⑤ 긴 시간 동안은 거꾸로 매달려 있지 못한다.

7 알맞은 말에 ○표 하여, 이 글의 내용을 정리해 보세요.

> 이 글은 동물들이 (먹는 / 자는) 모습과 그 까닭에 대해 설명하고 있습니다.

받침이 헷갈리는 말

◎ 다음 그림을 보고, 문장에 어울리는 말을 골라 ○표 하세요.

바른 자세로 의자에
(안다 / 앉다).

누나가 동생을 살포시
(안다 / 앉다).

아버지가 나를
(업다 / 없다).

놀이터에 친구들이
(업다 / 없다).

1주 3일
정답 확인

오늘 나의 실력을 평가해 봐!

부모님 응원 한마디

누가 무엇을 했는지 알기 ④

🌳 다음 대화 글을 읽고 물음에 답해 봅시다.

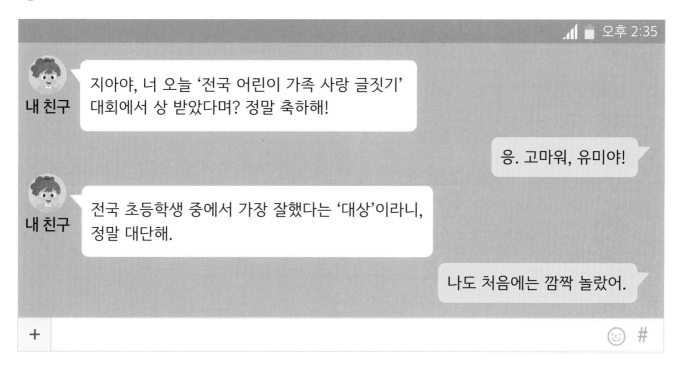

오후 2:35

내 친구: 지아야, 너 오늘 '전국 어린이 가족 사랑 글짓기' 대회에서 상 받았다며? 정말 축하해!

응. 고마워, 유미야!

내 친구: 전국 초등학생 중에서 가장 잘했다는 '대상'이라니, 정말 대단해.

나도 처음에는 깜짝 놀랐어.

1 이 글에서 대화를 나누고 있는 두 친구의 이름을 찾아 쓰세요.

☐☐ , ☐☐

2 유미가 한 일은 무엇인가요? 알맞은 것에 ○표 하세요.

전국 어린이 가족 사랑 글짓기 대회에서 대상을 받았다.	대상을 받은 친구에게 축하 인사를 건넸다.
( )	( )

다음 이야기를 읽고 물음에 답해 봅시다.

옛날, 깊은 산속에서 나무꾼이 나무를 하고 있었습니다. 그때 갑자기 사슴 한 마리가 뛰어왔습니다.

🦌 : 나무꾼 아저씨, 저 좀 숨겨 주세요!

👦 : 무슨 일이니?

🦌 : 저를 잡으려고 사냥꾼이 쫓아와요. 도와주세요.

👦 : 사냥꾼이 쫓아온다고? 옳지! 나뭇더미 속에 들어가 숨어 있어라.

🦌 : 아저씨, 고맙습니다.

사슴이 숨자 사냥꾼이 나타났습니다.

🧔 : 혹시 방금 지나간 사슴 한 마리를 보지 못하였습니까?

👦 : 열심히 나무를 하느라 사슴을 보지 못하였습니다.

🧔 : 에이, 그럼 저쪽으로 가야겠군. 그것 참 아깝네, 잡을 수 있었는데…….

3 이 글에 등장하는 인물이 <u>아닌</u> 것에 X표 하세요.

사슴	나무꾼	사냥꾼	호랑이
☐	☐	☐	☐

4 이 글에서 나무꾼은 무엇을 했나요? 알맞은 것을 두 가지 고르세요. (　　,　　)

① 사냥꾼을 쫓아갔다.　　　　② 사슴을 숨겨 주었다.

③ 나뭇더미 속에 숨었다.　　　④ 사슴을 위험에 빠뜨렸다.

⑤ 사냥꾼에게 거짓말을 했다.

5 사슴이 나무꾼에게 부탁한 일은 무엇인가요? (   )

① 아픈 발을 고쳐 주세요.

② 제 친구가 되어 주세요.

③ 저에게 먹을 것을 주세요.

④ 사냥꾼에게 진실을 말해 주세요.

⑤ 제가 위험해지지 않게 도와주세요.

6 다음과 같이 '사냥꾼 – 사슴'의 관계를 나타내는 말에는 '☆'을, '나무꾼 – 사슴'의 관계를 나타내는 말에는 '♥'를 표시해 보세요.

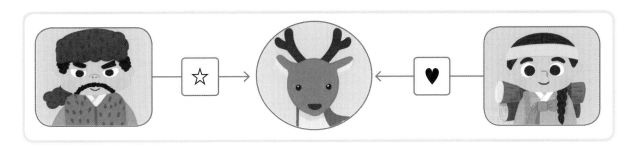

(1) 잡으려고 해요. ☐   (2) 숨겨 주어요. ☐

(3) 위험에 빠뜨려요. ☐   (4) 도움을 주어요. ☐

7 빈칸에 알맞은 말을 써서, 이 글의 내용을 정리해 보세요.

나무꾼이 위험에 빠진 ☐ ☐ 을 도와주어 사슴은 무사히 살 수 있었습니다.

'받침 ㅊ'이 들어간 낱말

● 다음 그림을 보고, '받침 ㅊ'이 들어간 낱말을 따라 쓰세요.

꽃 을 선물로 받다.

사냥꾼이 덫 을 놓다.

경찰이 도둑을 쫓 다 .

밤하늘에 별이 빛 나 다 .

누가 무엇을 했는지 알기 ⑤

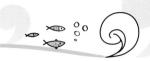

🌱 **다음 글을 읽고 물음에 답해 봅시다.**

우리는 날마다 인사를 나눕니다. 인사에는 그 나라 사람들의 마음이 담겨 있습니다. 그런데 나라마다 인사하는 법은 다릅니다.

우리나라 사람들은 허리를 굽혀 인사합니다. 상대방과 조금 떨어져서 바른 자세로 인사합니다. 서로 인사말도 주고받습니다.

멕시코 사람들은 서로 껴안으며 인사합니다. 상대방에게 가까이 다가가서 서로를 힘껏 껴안습니다. 그러고는 큰 소리로 반가움을 나타냅니다.

사우디아라비아 사람들은 뺨을 대며 인사합니다. 상대방에게 가까이 다가가서 서로의 뺨을 가볍게 댑니다. 그러면서 서로의 어깨를 두드리며 반가움을 나타냅니다.

1 이 글에서 우리는 날마다 무엇을 한다고 했나요? 빈칸에 들어갈 알맞은 말을 쓰세요.

☐ ☐ 를 나눈다.

2 나라별로 인사하는 방법으로 알맞은 것을 찾아 선으로 이어 보세요.

| 우리나라 | · | · | 뺨을 대며 한다. |

| 멕시코 | · | · | 허리를 굽혀서 한다. |

| 사우디아라비아 | · | · | 서로를 껴안으면서 한다. |

🌿 다음 글을 읽고 물음에 답해 봅시다.

옛날에 김득신이라는 사람이 살았습니다. 김득신은 다른 아이들과 달리 글자를 배우는 것이 매우 느렸습니다. 또 글을 읽고 이해하는 것도 다른 아이들에 비해 무척 느렸습니다. 김득신은 10살이 되어서야 겨우 글을 배우기 시작했고, 20살이 되어서야 겨우 한 편의 글을 지을 수 있었습니다. 주위 사람들은 김득신을 놀리기도 했지만, 김득신의 아버지는 늘 김득신을 격려해 주었습니다.

"공부는 꼭 시험을 보기 위한 것이 아니니 더 열심히 노력하거라."

김득신은 아버지의 말을 듣고는 책들을 수없이 반복해서 읽으며 노력하였습니다. 밥 먹을 때에도 길을 걸으면서도 김득신은 책을 놓지 않고 끊임없이 읽었습니다. 다른 사람들보다 이해하는 것이 느렸던 김득신은 책 내용이 이해될 때까지 계속 읽었습니다. 어떤 책은 만 번, 어떤 책은 무려 십만 번 넘게 읽기도 하였습니다.

배움이 느렸지만 포기하지 않고 계속 책을 읽었던 김득신은 후에 그 시대 최고의 시인으로 꼽혔습니다.

3 이 글은 누구에 대한 이야기인가요? 알맞은 것에 ○표 하세요.

김득신 ☐   다른 아이들 ☐   김득신의 아버지 ☐

4 김득신이 한 일로 알맞은 것은 무엇인가요? (   )

① 한 번 읽은 책은 모두 외웠다.
② 책을 수없이 반복해서 읽었다.
③ 어렸을 때부터 시험을 잘 보았다.
④ 아버지의 꾸중을 듣고 배움을 포기했다.
⑤ 공부는 하지 않고 친구들과 어울려 놀았다.

5 책 한 권을 만 번 넘게 읽은 김득신의 행동에 대해 알맞게 말한 친구는 누구인가요?

( )

① 미연: 같은 책을 여러 번 읽는 것은 바보 같은 행동이야.

② 이현: 좋아하는 책만 여러 번 읽는 것은 좋지 않은 태도야.

③ 소진: 책 한 권을 이해가 될 때까지 읽었다니 대단한 노력이야.

④ 종혁: 집에 책이 없어서 한 권의 책을 여러 번 읽었다니 불쌍해.

⑤ 수연: 책 읽을 시간을 정해 놓고 책을 읽었다니 정말 부지런하다.

6 호수에게 어떤 말을 해 주는 것이 좋을까요? 보기 에서 알맞은 말을 골라 빈칸에 쓰세요.

| 보기 | 포기 | 시작 | 노력 | 격려 |

호수: 이 책은 내가 읽기에는 조금 어려워. 그래서 그만 읽어야겠어.

수진: 어려운 부분이 있다고 ☐☐ 하면 안 돼. 김득신처럼 이해가 될 때

까지 계속 ☐☐ 해야 해.

🏔️ 한 문장 마무리

7 빈칸에 알맞은 말을 써서, 이 글의 내용을 정리해 보세요.

☐☐☐ 은 배움이 느렸지만 포기하지 않고 계속 노력해서 그 시대

최고의 시인이 되었습니다.

헷갈리는 말

◎ 다음 그림을 보고, 빈칸에 들어갈 알맞은 말을 골라 ○표 하세요.

달팽이는 움직임이 (   ).

느리다   늘이다

누나가 고무줄을 길게 (   ).

느리다   늘이다

새가 (   ).

날다   나르다

아버지가 짐을 (   ).

날다   나르다

 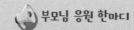

상황 파악하기 ①

🌰 친구들이 어떤 상황에 처하게 되었나요? 빈칸에 들어갈 알맞은 말을 쓰세요.

갑자기 ☐ 가 와서 친구들이 곤란해졌어요.

글 속 인물은 힘든 상황이나 위급한 상황처럼 특별한 상황에 놓이는 경우가 많아요.
상황에 따라 인물의 마음이 바뀌기 때문에, 상황을 먼저 잘 파악해야 인물의 마음도
쉽게 이해할 수 있습니다. 자, 오늘부터 글 속 인물이 처한 상황을 알아볼까요?

1 다음 이야기를 읽고, 인물이 처한 상황을 알아보아요.

비둘기가 나뭇가지 위에 앉아 있었습니다. 이것을 본 사냥꾼이 비둘기에게 몰래 총을 겨누었습니다.

'저런, 비둘기가 위험하다.'

그 모습을 본 개미가 사냥꾼의 발꿈치를 따끔하게 물었습니다.

"앗, 따가워!"

사냥꾼이 소리를 질렀습니다. 이 소리를 들은 비둘기가 깜짝 놀라 날아갔습니다.

"개미야, 고마워. 네가 아니었으면 큰일 날 뻔했구나."

비둘기가 개미에게 감사의 인사를 하였습니다.

 사냥꾼은 나뭇가지 위에 앉아 있는 비둘기를 보고 어떤 행동을 했나요? 빈칸에 들어 갈 알맞은 말을 이 글에서 찾아 쓰세요.

비둘기를 잡으려고 몰래 ☐ 을 겨누었다.

💡 사냥꾼의 행동이 비둘기에게 어떤 영향을 미치게 될지 생각해 보아요.

 비둘기는 사냥꾼으로 인해 어떤 상황에 처하게 되었나요? 알맞은 것에 ○표 하세요.

신나는 상황 ☐   안전한 상황 ☐   목숨이 위험해진 상황 ☐

 개미가 한 일로 알맞은 것을 골라 ○표 하세요.

사냥꾼의 발꿈치를 물어 비둘기를 (힘들게 했다 / 구해 주었다).

다음 일기를 읽고, 인물이 처한 상황을 알아보아요.

날짜: 20○○년 3월 19일 수요일	날씨: 어둡고 흐림

제목: 민철아, 제발!

　며칠 전부터 나에게 걱정이 하나 생겼다. 내 짝 민철이 때문이다.

　민철이는 아주 활발하고 재미있는 친구이다. 그런데 문제가 있다. 수업 시간에 내가 공부하는 것을 방해한다. 나한테 자꾸 말을 걸어서 선생님 말씀을 잘 들을 수가 없다. 그리고 민철이 때문에 나까지 선생님께 자주 꾸중을 듣는다.

　제발 민철이가 수업 시간에는 나한테 말을 걸지 않았으면 좋겠다.

 이 글에 나오는 민철이에 대한 설명으로 알맞은 것은 무엇인가요? (　　　　)

① 수업 시간에 조용히 있는 친구

② 글쓴이의 숙제를 도와주는 친구

③ 수업 시간에 발표를 잘하는 친구

④ 친구들에게 공부를 알려 주는 친구

⑤ 수업 시간에 글쓴이가 공부하는 것을 방해하는 친구

 글쓴이는 어떤 상황에 처해 있나요? 알맞은 말을 골라 ○표 하세요.

> 민철이 때문에 (곤란한 / 즐거운) 상황에 처해 있다.

 💡 글쓴이가 지금 처한 상황에서 벗어나기 위해 어떻게 해야 할지 생각해 보아요.
글쓴이가 민철이에게 해 줄 말로 알맞은 것에 ○표 하세요.

수업 시간에 나에게 말을 걸지 않았으면 좋겠어.	수업 시간에 준비물을 잘 가지고 왔으면 좋겠어.
(　　　　)	(　　　　)

흉내 내는 말

◎ 다음 그림을 보고, 빈칸에 들어갈 알맞은 말을 골라 O표 하세요.

천둥 번개 치는 소리에 (　　　　) 놀랐다.

| 깜짝 | 활짝 |

창문을 (　　　　) 열었다.

| 깜짝 | 활짝 |

보물들이 (　　　　) 빛났다.

| 반짝 | 바짝 |

너무 구워서 생선이 (　　　　) 타 버렸다.

| 반짝 | 바짝 |

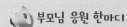

2주 2일 상황 파악하기 ❷

🌿 다음 일기를 읽고 물음에 답해 봅시다.

날짜: 20○○년 4월 20일 월요일	날씨: 맑음

오늘 거짓말을 하고 말았다.

어머니께서 숙제가 있는지 물어보셨는데, 없다고 말한 것이다.

정말 죄송했다. 앞으로는 절대 거짓말을 하지 않을 것이다.

일기를 다 쓰고, 숙제를 해야겠다.

1 글쓴이가 처한 상황으로 알맞은 것은 무엇인가요? (   )

① 숙제를 다 끝낸 상황

② 어머니께 혼이 난 상황

③ 친구에게 장난을 친 상황

④ 어머니께 거짓말을 한 상황

⑤ 선생님께 칭찬을 받은 상황

2 글쓴이가 어머니께 든 마음으로 알맞은 것은 무엇인가요? (   )

① 행복한 마음

② 죄송한 마음

③ 고마운 마음

④ 억울한 마음

⑤ 자랑하고 싶은 마음

다음 이야기를 읽고 물음에 답해 봅시다.

　　옛날 옛날에 아기 돼지 삼 형제와 엄마 돼지가 살았습니다. 어느 날 엄마 돼지는 아기 돼지들을 불러 이렇게 말했습니다.

　　"이제 너희들도 다 컸으니, 새로운 곳에 가서 살아가거라. 무슨 일을 하든 최선을 다해야 해. 그리고 늑대를 조심하는 것도 잊지 마라."

　　그다음 날 아기 돼지 삼 형제는 집을 나섰습니다. 함께 길을 가던 삼 형제는 늑대를 피할 수 있는 자신만의 집을 지을 곳을 찾아 헤어졌습니다.

　　노는 것을 좋아하는 첫째 돼지는 짚으로 집을 지었습니다. 첫째 돼지는 집을 짓는 것이 너무 귀찮다고 생각하며 대강 집을 지었어요.

　　먹는 것을 좋아하는 둘째 돼지는 나무로 집을 지었습니다. 둘째 돼지는 늑대가 오지 않을 것이라고 생각하며 대충 집을 지었지요.

　　부지런한 셋째 돼지는 어떻게 하면 튼튼한 집을 지을 수 있을까 생각하였어요. 고민 끝에 셋째 돼지는 무거운 벽돌을 차곡차곡 쌓아 튼튼한 벽돌집을 지었답니다.

3 아기 돼지 삼 형제가 처한 상황으로 알맞은 것은 무엇인가요? (　　　　　)

① 늑대를 물리치러 가야 하는 상황

② 보물을 찾으러 떠나야 하는 상황

③ 각자 자신이 살 곳을 찾아야 하는 상황

④ 엄마 돼지가 먹을 것을 구해 와야 하는 상황

⑤ 아빠 돼지가 어디에 있는지 찾아야 하는 상황

4 엄마 돼지의 말을 가장 잘 들은 돼지는 누구인지 이 글에서 찾아 쓰세요.

　　　　　　돼지

5 아기 돼지 삼 형제의 생각으로 알맞은 것을 찾아 선으로 이어 보세요.

첫째 돼지	•		•	'튼튼한 집을 지어야 해.'
둘째 돼지	•		•	'집 짓는 일은 너무 귀찮아.'
셋째 돼지	•		•	'늑대가 나한테 오지는 않을 거야.'

6 아기 돼지 삼 형제의 모습으로 알맞은 것을 찾아 선으로 이어 보세요.

첫째 돼지	둘째 돼지	셋째 돼지
•	•	•

•   •   •

한 문장 마무리

7 알맞은 말에 ○표 하여, 이 글의 내용을 정리해 보세요.

첫째 돼지와 둘째 돼지는 자신이 살 집을 (대충 / 튼튼하게) 지었지만, 셋째 돼지는
자신이 살 집을 (대충 / 튼튼하게) 지었습니다.

받침에 따라 뜻이 다른 낱말

◎ 사다리를 타고 내려가 낱말에 해당하는 그림을 확인해 보세요.

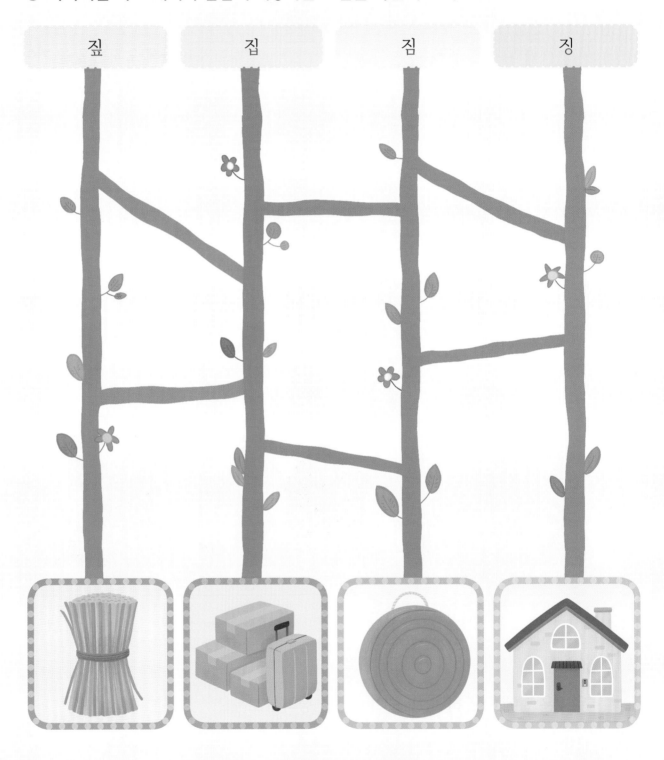

짚   집   짐   징

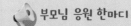

상황 파악하기 ③

다음 초대장을 읽고 물음에 답해 봅시다.

초 대 장

안녕하세요. 저는 별나라 대통령 은꿈수리푸입니다.

우리 별이 생겨난 날을 기념하는 자리에 지구에 사는 친구를 초대하고 싶습니다.

지구를 대표할 수 있는 동물을 보내 주세요. 그리고 지구에서 아름다운 꽃씨도 가져다주면 좋겠어요. 별나라 꽃동산에 지구의 꽃을 심고 싶습니다.

그럼 지구의 친구를 만날 날을 기다리고 있겠습니다.

• 때 : 20○○년 4월 6일 3시

• 곳 : 별나라 꽃동산

별나라 대통령 은꿈수리푸

---

1 이 글을 쓴 까닭은 무엇인가요? 빈칸에 들어갈 알맞은 말을 이 글에서 찾아 쓰세요.

지구에 사는 친구를 □□ 하고 싶어서

---

2 글쓴이가 지구의 친구들에게 무엇을 부탁했나요? 알맞은 말을 골라 ○표 하세요.

아름다운 (꽃씨 / 나무)를 가져다주세요.

🌳 **다음 편지를 읽고 물음에 답해 봅시다.**

별나라 대통령 은꽁수리푸 님께

안녕하세요. 은꽁수리푸 님. 저희를 별나라로 초대해 주셔서 감사합니다.

지구의 동물들은 은꽁수리푸 님의 초대장을 받고 매우 기뻐했습니다. 하루 빨리 답장을 보내드리고 싶었지만, 지구의 대표로 어느 동물이 가야 할 것인지에 대해 의논하느라 답장이 늦어졌습니다.

우리는 오랜 의논 끝에 요롤루피 할아버지를 지구의 대표 동물로 보내기로 했습니다. 요롤루피 할아버지는 거북으로 매우 오래 사셨습니다. 그래서 지혜로우시고 별나라에 어울릴 꽃도 많이 알고 계셔서 지구의 대표 동물로 뽑혔습니다. 요롤루피 할아버지께서는 별나라에 선물로 드릴 아름다운 꽃씨 50가지를 준비하고 있습니다. 은꽁수리푸 님이 ㉠이분과 만나면 꽃씨뿐만 아니라 지구에 대해서도 자세히 알 수 있을 것입니다.

약속된 시간에 맞춰 요롤루피 할아버지가 별나라에 가실 것입니다. 두 분의 즐거운 만남을 기대하겠습니다.

20○○년 3월 20일

지구의 동물들

3 누가 누구에게 보내는 편지인가요? 알맞은 말을 골라 ○표 하세요.

> 지구의 동물들이 (별나라 대통령 / 요롤루피 할아버지)에게 보내는 답장이다.

4 지구의 동물들은 어떤 상황에서 글을 쓴 것인가요? (   )

① 별나라 대통령의 초대를 받은 상황
② 별나라 대통령을 지구로 초대한 상황
③ 별나라를 위기로부터 구해야 하는 상황
④ 지구의 여러 나라로 여행을 가야 하는 상황
⑤ 요롤루피 할아버지 집에 놀러 가야 하는 상황

5 요룰루피 할아버지가 지구의 대표로 뽑힌 까닭은 무엇인가요? (   )

① 스스로 가고 싶어 했기 때문에

② 꽃씨를 많이 가지고 있기 때문에

③ 은꽁수리푸 님의 친구이기 때문에

④ 별나라에서 거북이 오기를 바랐기 때문에

⑤ 지혜롭고 별나라에 어울릴 꽃을 많이 알고 있기 때문에

6 요룰루피 할아버지가 아름다운 꽃씨를 준비하고 있는 까닭은 무엇인가요?

(   )

① 별나라에 선물로 주려고

② 아름다운 지구를 만들려고

③ 자신이 좋아하는 꽃씨를 모으려고

④ 지구의 동물들에게 꽃씨를 주려고

⑤ 자신의 집 앞마당에 꽃씨를 심으려고

7 ㉠이 가리키는 인물에 대한 설명으로 알맞지 <u>않은</u> 것은 무엇인가요? (   )

① 거북   ② 지구의 대표   ③ 지혜로운 분

④ 별나라 대통령   ⑤ 요룰루피 할아버지

한 문장
마무리

8 빈칸에 알맞은 말을 써서, 이 글의 내용을 정리해 보세요.

별나라에는 [   ][   ][   ][   ] 할아버지가 지구의 대표로 가실 것입니다.

뜻이 비슷한 말

○ 다음 그림을 보고, 밑줄 친 말과 뜻이 비슷한 말을 찾아 선으로 이어 보세요.

꽃이 무척 <u>아름답다</u>. ·

· 마련하다

선물을 <u>준비하다</u>. ·

· 예쁘다

노란색 가방을 <u>고르다</u>. ·

· 선택하다

상황 파악하기 ④

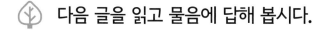

🌳 **다음 글을 읽고 물음에 답해 봅시다.**

물은 우리가 살아가는 데 꼭 필요합니다. 물이 없으면 목이 마를 때 마실 수 없고 손을 씻을 수도 없습니다. 따라서 물이 부족한 곳에서는 동물과 식물들이 살아가기가 어렵습니다.

우리나라는 여름에는 비가 많이 오지만 다른 계절에는 비가 적게 옵니다. 그러다 보니 생활에 필요한 물이 부족한 경우가 생깁니다. 봄에 비가 부족하게 와서 농사가 힘들어지는 경우도 자주 있습니다. 계절에 따라 물이 부족해지는 경우가 있어서 우리나라도 물 부족 국가입니다.

1 우리나라는 어떤 상황인가요? 알맞은 것에 ○표 하세요.

물이 항상 넘쳐 나는 상황	계절에 따라 물이 부족해지는 상황
( )	( )

2 이 글을 읽고 난 후의 대화입니다. 알맞게 말한 친구의 이름을 쓰세요.

> 찬이: 물이 없어도 살아가는 데에는 큰 문제가 없겠어.
> 소현: 봄에는 물이 부족하지 않으니 물을 펑펑 써야겠어.
> 다윤: 우리나라도 물이 부족할 때가 있으니 물을 아껴 써야겠어.

(   )

🌳 **다음 이야기를 읽고 물음에 답해 봅시다.**

어느 날 밤이에요. 피노키오는 멀뚱멀뚱 앞만 바라보고 있었어요. 말도 못하고 움직일 수도 없었거든요. 그때, 푸른 머리의 천사가 나타났어요.

"네가 말도 하고 움직일 수도 있게 해 주마. 착하게 살면 너도 사람이 될 수 있단다."

다음 날 아침이 되자, 피노키오는 제페토 할아버지에게 걸어와서 인사를 했어요.

"할아버지, 안녕하세요?"

제페토 할아버지는 피노키오를 안고 기뻐했어요.

"피노키오야, 너도 학교에 가서 공부를 해야지?"

제페토 할아버지는 책과 가방을 사 주었어요.

– 콜로디, 『피노키오』 중에서

3 이 글에 등장하는 인물을 모두 골라 ○표 하세요.

천사 ☐   마녀 ☐   피노키오 ☐   제페토 할아버지 ☐

4 천사가 피노키오에게 해 준 일은 무엇인가요? (   )

① 학교를 지어 주었다.

② 착한 마음을 심어 주었다.

③ 인사하는 방법을 알려 주었다.

④ 멀뚱멀뚱 앞만 바라보게 해 주었다.

⑤ 말도 하고 움직일 수도 있게 해 주었다.

5 제페토 할아버지가 처한 상황은 무엇인가요? (   )

① 천사를 보고 깜짝 놀란 상황

② 갑자기 말도 못하고 움직일 수도 없는 상황

③ 피노키오가 갑자기 움직여서 두려워하는 상황

④ 피노키오가 움직이며 말을 해서 기뻐하는 상황

⑤ 피노키오가 갑자기 움직이지 않자 슬퍼하는 상황

6 피노키오에게 일어난 일과 그 일이 일어난 때를 찾아 선으로 이어 보세요.

일어난 일

일어난 때

아침

점심

저녁

밤

7 빈칸에 알맞은 말에 써서, 이 글의 내용을 정리해 보세요.

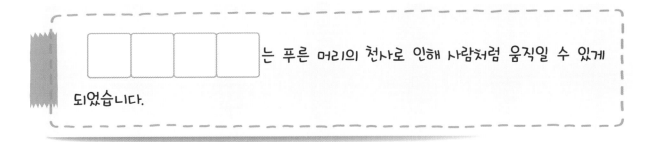

☐☐☐☐ 는 푸른 머리의 천사로 인해 사람처럼 움직일 수 있게 되었습니다.

마음을 나타내는 말

◉ 다음 그림을 보고, 빈칸에 들어갈 알맞은 말을 골라 ○표 하세요.

친구와 오랜만에 만나서 (　　　　).

기쁘다　　　　속상하다

친구와 헤어져서 (　　　　).

신나다　　　　아쉽다

하고 싶은 놀이가 없어 (　　　　).

심심하다　　　　감격하다

놀이 기구가 생각보다 재미없어서 (　　　　).

실망하다　　　　짜릿하다

2주 5일

상황 파악하기 ⑤

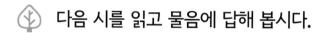

🌳 다음 시를 읽고 물음에 답해 봅시다.

꾀병

이어진

엄마 나도 아파요

언니만 보지 말고

나 좀 보세요

나도 언니처럼 아파요

이마도 만져 주고

이불도 덮어 주고

맛있는 죽도 먹여 주세요

약은 안 주셔도 돼요

엄마

웃지만 말고

나도 좀 보세요

1 말하는 이의 상황으로 알맞은 것은 무엇인가요? (   )

① 엄마와 싸운 상황

② 꾀병을 부리는 상황

③ 너무 아파서 병원에 간 상황

④ 언니에게 보살핌을 받는 상황

⑤ 아픈 동생을 보살펴 주는 상황

다음 이야기를 읽고 물음에 답해 봅시다.

　　옛날 옛날 깊은 산속에 무서운 호랑이가 살았어요. 어느 날, 호랑이는 배가 고파서 어슬렁어슬렁 마을로 내려갔어요. 마침 어느 초가집 외양간에 토실토실 살진 송아지가 얌전히 자고 있는 거예요. 송아지를 물어 가려고 호랑이가 입을 쩍 벌리는데 갑자기 "앙앙." 아기 우는 소리가 났어요.

　　방에서는 엄마가 아기를 달래고 있었어요.

　　"저기 무서운 늑대가 왔다. 뚝!"

　　늑대가 왔다는데도 아기는 "앙앙." 울기만 해요.

　　"저기 진짜 무서운 호랑이가 왔다. 뚝!"

　　호랑이는 생각했어요.

　　'흥, 내가 왔다는데 설마 계속 울겠어?'

　　그런데 호랑이가 왔다는데도 아기는 "앙앙." 울기만 해요.

　　아기가 자꾸 우니까 엄마는 이렇게 말했어요.

　　"여기 곶감이다, 곶감! 뚝."

　　그랬더니 아기는 울음을 뚝 그쳤어요. 호랑이는 깜짝 놀라서 생각했어요.

　　'어이쿠, 나보다 무서운 곶감이라는 놈이 왔나 보다.'

　　호랑이는 곶감에게 잡힐까 봐 걸음아 날 살려라 하고 도망갔어요.

2　호랑이는 어떤 상황이어서 마을로 내려갔나요? (　　　　　)

① 우는 아기를 달래야 하는 상황

② 마을이 안전한지 살펴야 하는 상황

③ 배가 고파서 먹을 것을 찾아야 하는 상황

④ 아기에게 곶감을 가져다주어야 하는 상황

⑤ 외양간에 송아지가 잘 있는지 살펴보아야 하는 상황

3 엄마가 아기에게 '늑대가 왔다'라며 거짓말을 한 까닭은 무엇인가요? (   )

① 아기를 방긋 웃게 하기 위해

② 아기에게 늑대를 보여 주기 위해

③ 호랑이보다 더 센 늑대를 부르기 위해

④ 우는 아기에게 좋아하는 것을 주기 위해

⑤ 우는 아기에게 겁을 주어 울음을 그치게 하기 위해

4 다음과 같이 생각한 호랑이는 어떤 행동을 했나요? 알맞은 것을 찾아 선으로 이어 보세요.

> 곶감이 엄청 무서운 것인가 보구나.

- 곶감에게 잡힐까 봐 도망갔다.

- 곶감을 하나 먹으려고 기다렸다.

5 호랑이가 곶감이 자신보다 무서운 것이라고 생각한 까닭은 무엇일까요? 보기에서 알맞은 말을 골라 빈칸에 쓰세요.

> 보기   엄마   곶감   송아지   호랑이

[　][　][　] 가 왔다고 해도 울음을 그치지 않던 아기가 [　][　] 이

라는 말에 울음을 그쳤기 때문이다.

한 문장 마무리

6 빈칸에 알맞은 말에 써서, 이 글의 내용을 정리해 보세요.

> 호랑이는 자신보다 더 무서운 [　][　] 에게 잡힐까 봐 재빨리 도망갔습니다.

흉내 내는 말

◎ 다음 밑줄 친 흉내 내는 말을 알맞게 표현한 그림에 ○표 하세요.

송아지가 <u>토실토실</u>했다.

호랑이가 송아지를 물어 가려고 입을 <u>쩍</u> 벌렸다.

호랑이가 <u>후다닥</u> 도망갔다.

3주 1일 인물의 마음 파악하기 ①

책을 다 읽고 난 후 하은이의 마음으로 알맞은 것을 골라 ○표 하세요.

하은

언니가 보던 책이네.

이건 글자가 너무 많고, 그림도 별로 없네.

앗, 생각보다 재미있어.

다 읽었다!

스스로 책 한 권을 다 읽어서 (뿌듯하다 / 허전하다).

오늘 하루 동안 친구들의 마음은 어떠했나요? 즐거울 수도, 슬플 수도, 행복할 수도 있었을 거예요. 우리들의 마음은 상황에 따라 쉽게 변하고, 마음 상태 또한 매우 다양하거든요. 글에 나오는 인물들도 마찬가지예요. 글 속 인물들의 마음은 어떠할지 우리 한번 살펴볼까요?

1 다음 이야기를 읽고, 인물의 마음을 살펴보아요.

빨간 모자는 할머니 댁에 심부름을 갔어요.

할머니 댁에 가려면 숲길을 지나야 하는데, 숲길은 몹시 어두웠어요.

빨간 모자는 너무 무서웠지요.

'늑대가 나타나면 어쩌지?'

빨간 모자는 가슴이 쿵쿵 뛰었어요.

 빨간 모자가 지나가야 하는 숲길은 어떠했나요? (   )

① 몹시 밝았다.   ② 몹시 추웠다.

③ 몹시 어두웠다.   ④ 몹시 시원했다.

⑤ 몹시 따뜻했다.

 💡 '기쁘다', '신나다', '무섭다'와 같은 말이 마음을 나타내는 말이에요. 이 글에서 마음을 나타내는 말을 찾아보아요.

숲길을 지나가야 하는 빨간 모자의 마음은 어떠했나요? 알맞은 말에 ○표 하세요.

너무 신났다.   너무 즐거웠다.   너무 무서웠다.

☐   ☐   ☐

 빨간 모자의 마음이 잘 드러난 표정으로 알맞은 것에 ○표 하세요.

(   )   (   )   (   )

② 다음 글을 읽고, 인물의 마음을 살펴보아요.

할머니께서 좋아하시는 나물 반찬이 식탁에 올라왔다. 나는 갑자기 할머니가 보고 싶어졌다. 할머니께서는 시골에서 사신다. 시골은 내가 사는 데에서 너무 먼 곳이라서 할머니 댁에 자주 가기 어렵다. 여름 방학이 되면 시골에 가서 할머니를 만나고 싶다. 시원한 나무 그늘 아래에서 할머니와 수박을 먹고 싶다.

 글쓴이는 무엇을 보고 할머니를 떠올렸나요? (   )

① 수박   ② 식탁   ③ 시골   ④ 나무 그늘   ⑤ 나물 반찬

 글쓴이는 할머니를 떠올렸을 때 어떤 마음이 들었나요? (   )

① 할머니가 걱정된다.   ② 할머니가 답답하다.
③ 할머니가 불편하다.   ④ 할머니가 보고 싶다.
⑤ 할머니가 자랑스럽다.

 글쓴이가 할머니 댁에 자주 가기 어려운 까닭은 무엇인가요? (   )

① 할머니 댁에 가면 심심하기 때문에
② 할머니께서 집을 자주 비우시기 때문에
③ 할머니 댁에는 맛있는 음식이 없기 때문에
④ 할머니 댁과 글쓴이가 사는 곳이 아주 멀기 때문에
⑤ 할머니 댁에는 여름 방학에만 가기로 가족들과 약속했기 때문에

뜻이 반대되는 말

○ 다음 그림을 보고, 밑줄 친 말과 뜻이 반대되는 말을 찾아 선으로 이어 보세요.

숲길이 <u>어둡다</u>.

·

· 오다

학교를 <u>가다</u>.

·

· 멀다

우리 사이는 매우 <u>가깝다</u>.

·

· 밝다

인물의 마음 파악하기 ❷

🌳 **다음 글을 읽고 물음에 답해 봅시다.**

어느 일요일 아침, 서연이네 가족 대청소 시간입니다. 가족 모두 각자 맡은 일을 하고 있었습니다. 이번에 서연이는 창문 먼지 닦기 역할을 맡았습니다.

"야, 깨끗해졌다!"

창문을 닦는 일은 참 재미있습니다. 먼지로 얼룩덜룩해진 창문을 걸레로 쓱쓱 닦으면 내 마음까지 깨끗하게 지워지는 느낌이 들어 즐겁습니다.

1 가족 대청소 시간에 서연이가 맡은 역할은 무엇인가요? (   )

① 바닥 쓸기

② 바닥 닦기

③ 창문 닦기

④ 책상 닦기

⑤ 책장 정리하기

2 서연이가 청소를 하며 느낀 마음으로 알맞은 것을 두 가지 고르세요. (,   )

① 고마운 마음

② 두려운 마음

③ 즐거운 마음

④ 속상한 마음

⑤ 재미있는 마음

🌳 **다음 일기를 읽고 물음에 답해 봅시다.**

날짜: 20○○년 5월 16일 금요일	날씨: 맑음

오늘은 기다리던 체육 대회 날이라 아침부터 가슴이 두근두근하였다.

처음에는 색 카드 뒤집기를 하였다. 우리 반은 색 카드를 빨간색으로 뒤집어야 했다. 징 소리와 함께 가운데로 우르르 몰려들어 카드를 뒤집었다. 다시 징 소리가 나자 우리는 모두 제자리로 돌아왔다.

그다음에는 50미터 달리기를 하였다. 출발선에 섰는데 심장이 마구 쿵쾅쿵쾅 뛰었다. 열심히 뛰었지만 아쉽게도 2등이었다.

다음으로 나는 공 굴리며 달리기 경기를 하였다. 경기가 끝난 후 무용을 하기 위하여 교실로 들어가서 옷을 갈아입고 나왔다. 음악에 맞추어 사뿐사뿐 무용을 하였다. 시끌시끌 체육 대회가 끝나고 선생님께서 잘했다고 칭찬해 주셨다. 오늘 체육 대회는 무척 재미있고 신났다.

3 오늘은 무엇을 한 날인가요? 알맞은 것에 ○표 하세요.

( )

( )

( )

4 글쓴이가 아침에 가슴이 두근두근한 까닭은 무엇일까요? (   )

① 갑자기 가슴이 아팠기 때문에

② 달리기 연습을 너무 오래 했기 때문에

③ 색 카드 뒤집기 게임에서 졌기 때문에

④ 체육 대회 날 비가 올까 봐 걱정이 되었기 때문에

⑤ 기다리던 체육 대회 날이어서 마음이 설렜기 때문에

5 글쓴이가 처음에 한 색 카드 뒤집기는 어떤 경기인가요? (   )

① 우리 편의 색 카드를 숨겨 놓는 경기

② 색 카드를 한 줄로 빨리 만드는 경기

③ 징 소리가 나면 색 카드를 만드는 경기

④ 색 카드를 들고 가운데로 모여 카드를 정리하는 경기

⑤ 우리 편을 뜻하는 색으로 색 카드를 뒤집어 놓는 경기

6 글쓴이가 50미터 달리기를 한 후에 든 마음으로 알맞은 것에 ○표 하세요.

넘어져서 속상했다.　　　　1등을 해서 기뻤다.　　　　2등을 해서 아쉬웠다.

7 글쓴이가 오늘 한 일을 순서에 맞게 번호를 쓰세요.

색 카드 뒤집기	무용하기	50미터 달리기	공 굴리며 달리기
(1)	( )	( )	( )

한 문장 마무리

8 빈칸에 알맞은 말을 써서, 이 글의 내용을 정리해 보세요.

여러 가지 경기를 한 □□ □□ 는 무척 재미있고 신났습니다.

흉내 내는 말

◉ 다음 그림을 보고, 흉내 내는 말을 보기 에서 골라 빈칸에 알맞게 쓰세요.

| 보기 | 사뿐사뿐 | 꾸벅꾸벅 | 소곤소곤 | 쿵쾅쿵쾅 |

동생이 깨지 않도록 ☐☐☐☐ 걸었다.

친구가 화가 났는지 ☐☐☐☐ 큰 소리로 걸었다.

옆의 친구와 ☐☐☐☐ 이야기를 나누었다.

언니가 피곤했는지 ☐☐☐☐ 졸고 있다.

인물의 마음 파악하기 ❸

🌱 다음 시를 읽고 물음에 답해 봅시다.

딱지 따먹기

딱지 따먹기 할 때
딴 아이가 내 것을 치려고 할 때
가슴이 조마조마한다.
딱지가 홀딱 넘어갈 때
나는 내가 넘어가는 것 같다.

– 강원식, 『딱지 따먹기 – 아이들 시로 백창우가 만든 노래』 중에서

1 딱지 따먹기를 할 때 말하는 이의 마음으로 알맞은 것은 무엇인가요? (   )

① 슬프다.   ② 쓸쓸하다.   ③ 따분하다.
④ 울적하다.   ⑤ 조마조마하다.

2 말하는 이의 생각으로 알맞은 것에 ○표 하세요.

딴 아이가 내 딱지를 쳤을 때 내 딱지가 넘어가도 난 괜찮아.	딴 아이가 내 딱지를 쳤을 때 내 딱지가 넘어가지 않았으면 좋겠어.
( )	( )

🌳 **다음 시를 읽고 물음에 답해 봅시다.**

바람과 빈 병

문삼석

바람이
숲속에 버려진 빈 병을 보았습니다.

"쓸쓸할 거야."

바람은 함께 놀아 주려고
빈 병 속으로 들어갔습니다.

병은
기분이 좋았습니다.

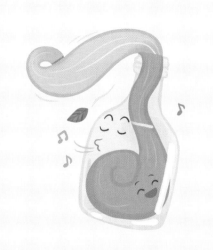

㉠ "보오 보오."

맑은 소리로
휘파람을 불었습니다.

3 바람이 빈 병 속으로 들어갈 때의 마음으로 알맞은 것에 ○표 하세요.

빈 병의 휘파람 소리가 궁금해. 병에 들어가서 들어 봐야겠어.	빈 병이 혼자 쓸쓸해 보여서 걱정돼. 내가 같이 놀아 주어야겠어.
( )	( )

4 다음 빈 병이 처한 상황과 그때 빈 병의 마음으로 알맞은 것을 선으로 이어 보세요.

바람과 함께 놀았어요. •

• 기분이 좋았어요.

• 매우 귀찮았어요.

5 ㉠은 실제로 무엇을 표현한 말일까요? (   )

① 숲속에 버려진 빈 병이 우는 소리
② 바람이 빈 병을 굴리면서 나는 소리
③ 바람이 빈 병에 부딪혀 병이 깨지는 소리
④ 빈 병 속으로 바람이 들어가서 나는 소리
⑤ 빈 병이 자신이 외롭다고 크게 외치는 소리

6 다음은 바람에게 해 줄 말입니다. 빈칸에 들어갈 알맞은 말은 무엇일까요? (   )

바람아, 너는 _____.

① 친구와의 약속을 잘 지키는구나.
② 낭비를 하지 않고 절약하는구나.
③ 다른 친구의 마음을 잘 헤아려 주는구나.
④ 네가 최고라고 생각하며 다른 친구를 무시하는구나.
⑤ 욕심이 많고 고집이 세서 다른 친구와 친해지기 어려운 성격이구나.

한 문장
마무리

7 빈칸에 알맞은 말을 써서, 이 시의 내용을 정리해 보세요.

빈 병은 자신이 쓸쓸할까 봐 들어온 ⬜⬜ 덕분에 기분이 좋아졌습니다.

모음자에 따라 뜻이 다른 낱말

○ 다음 그림을 보고, 빈칸에 들어갈 알맞은 말을 찾아 선으로 이어 보세요.

휘파람을 (　　　).

달님께 소원을 (　　　).

일을 하여 돈을 (　　　).

· 빌다

· 불다

· 벌다

인물의 마음 파악하기 ❹

🌳 **다음 글을 읽고 물음에 답해 봅시다.**

　　칭기즈 칸은 몽골 제국을 세운 왕입니다. 칭기즈 칸은 자신이 키우던 매를 친구라고 생각하며 무척 아꼈습니다. 그러던 어느 날 칭기즈 칸이 사냥을 마치고 돌아오는 길에 바위 틈에서 흘러나오는 물을 받아 마시려고 할 때, 갑자기 매가 나타나 칭기즈 칸의 물잔을 쏟아 버렸습니다. 몹시 목이 말랐던 칭기즈 칸은 화가 났지만 다시 물잔에 물을 받았습니다. 그러나 매는 또다시 물잔을 엎었습니다. 화가 머리 끝까지 난 칭기즈 칸은 그만 칼로 매를 베어 버렸습니다. 그런데 바위 틈을 살펴보니 샘물 안에 독사가 죽어 있었습니다. 칭기즈 칸은 그 물을 마셨다면 어떠했을까 생각하며 깜짝 놀랐습니다. 그리고 자신의 물잔을 계속 엎어서 물을 마시지 못하게 한 매를 죽인 것을 후회하였습니다.

1 매가 칭기즈 칸의 물잔을 엎은 까닭으로 알맞은 것에 〇표 하세요.

(1) 평소 칭기즈 칸을 좋아하지 않았기 때문에 ····················· (　　)

(2) 조금 더 걸어가면 맑은 샘물이 있기 때문에 ···················· (　　)

(3) 샘물 안에 독사가 죽어 있어서 마시면 위험하기 때문에 ··········· (　　)

2 샘물 안의 죽은 독사를 본 칭기즈 칸의 마음으로 알맞은 것에 〇표 하세요.

섭섭했다. 　　　　　 흐뭇했다. 　　　　　 후회했다. 　　　　　 억울했다.

☐ 　　　　　 ☐ 　　　　　 ☐ 　　　　　 ☐

다음 이야기를 읽고 물음에 답해 봅시다.

바다로 나간 어부는 좋은 자리를 잡고 그물을 던져 놓았습니다. 한참 기다렸다가 그물을 올렸습니다. 하지만, 그물 안에는 아무것도 없었습니다.

"허허, 처음부터 빈 그물이라니. 오늘은 운이 없구나."

어부는 다른 곳에 그물을 던졌습니다.

'고기야, 제발 많이 잡혀 다오.'

얼마쯤 시간이 지난 뒤, 어부는 다시 그물을 당겼습니다.

"영차영차! 그물이 무거운 걸 보니 큰 고기가 많이 걸렸나 보다."

어부는 싱글벙글하며 그물을 배 위로 끌어올렸습니다.

"야, 요놈들 봐라. 하하하!"

그물 안에는 멸치가 가득 들어 있었습니다.

그런데 어부의 그물에 걸려든 멸치들은 바들바들 몸을 떨었습니다.

"아이고, 큰일 났네. 육지로 끌려가면 꼼짝없이 죽을 텐데."

멸치들은 용기를 내어 어부를 향하여 외쳤습니다.

㉠ "어부님! 어부님! 저희를 살려 주세요."

"살려 달라고? 안 될 말이다. 난 어제도 빈손으로 돌아갔어."

"하지만, 저희를 놓아주시면 점점 자라 크게 될 게 아닙니까? 그때 잡으세요. 부탁해요, 어부님."

– 이준연 엮음, 「어부와 멸치」 중에서

3 처음 던졌던 그물 안에 아무것도 없었을 때 어부는 어떤 마음이었을까요? (   )

① 물고기 잡는 일이 즐겁고 보람찬 마음

② 그물 안에 아무것도 없어서 다행스러운 마음

③ 아무것도 못 잡고 돌아갈까 봐 걱정되는 마음

④ 내일은 더 많이 잡을 수 있을 것이라고 기대하는 마음

⑤ 자신에게 운이 없다는 것을 알고 부모님을 원망하는 마음

4 어부는 다른 곳에 그물을 던지면서 어떤 생각을 했을까요? (   )

① 이제 물고기가 그만 잡혔으면 좋겠다는 생각

② 제발 물고기가 많이 잡혔으면 좋겠다는 생각

③ 어떻게 하면 집에 빨리 돌아갈 수 있을까 하는 생각

④ 멸치가 나에게 무슨 말을 할 것인지 궁금하다는 생각

⑤ 여기는 아까 그물을 던진 곳보다 물이 깨끗하다는 생각

5 어부의 그물에 걸려든 멸치들이 몸을 바들바들 떨었던 까닭은 무엇인가요?

(   )

① 그물 밖으로 얼른 도망가기 위해서

② 물에 있다가 밖으로 나오니 추워서

③ 육지로 잡혀갈 수 있다는 생각에 무서워서

④ 많은 멸치들이 좁은 공간에 같이 있으니 답답해서

⑤ 어부와 대화를 하기 전에 준비 운동을 하기 위해서

6 ㉠에 담긴 멸치들의 마음은 어떠할까요? (   )

① 기쁜 마음   ② 반가운 마음

③ 간절한 마음   ④ 고마운 마음

⑤ 미안한 마음

한 문장
마무리

7 빈칸에 알맞은 말을 써서, 이 글의 내용을 정리해 보세요.

어부는 멸치들을 잡아 기뻐했고, 멸치들은 [ ][ ]에게 살려 달라고 외치고

있습니다.

직업을 나타내는 말

◉ 다음 그림을 보고, 보기 에서 알맞은 말을 골라 빈칸에 쓰세요.

| 보기 | 어부 | 광부 | 농부 |

☐☐ 가 논에서 벼를 베고 있다.

☐☐ 가 바다에서 물고기를 잡고 있다.

☐☐ 가 광산에서 석탄을 캐고 있다.

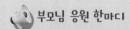

인물의 마음 파악하기 ❺

🌳 다음 인터뷰 내용을 읽고 물음에 답해 봅시다.

> 진행자: 어제 우리 학교 1학년 학생들이 우리 지역에서 가장 아름다운 산으로 체험 학습을 다녀왔습니다. 다녀온 학생들의 이야기를 들어 보겠습니다.
>
> 하정: 저는 산에 올라가서 아름다운 풍경도 보고 맑은 공기도 마실 수 있어서 정말 [㉠].
>
> 한율: 산에 올라가는데 친구가 장난을 치고 저를 놀려서 기분이 [㉡].
>
> 민준: 그토록 아름다운 산에 쓰레기가 많이 버려져 있어서 [㉢].

1 어제 1학년 학생들은 어디로 체험 학습을 다녀왔나요? 빈칸에 들어갈 알맞은 말을 찾아 쓰세요.

> 우리 지역에서 가장 아름다운 [　]

2 ㉠~㉢에 들어갈 친구들의 마음으로 알맞은 것을 보기 에서 골라 번호를 쓰세요.

> 보기　① 궁금했습니다　② 즐거웠습니다　③ 지루했습니다
> 　　　④ 안타까웠습니다　⑤ 나빴습니다

㉠: (　　　)　㉡: (　　　)　㉢: (　　　)

양치기 할아버지의 양들 중에는 까만 털을 가진 아기 양이 있어요. 할아버지는 그 양을 '까만 아기 양'이라고 부릅니다. 양치기 개 폴로가 "왼쪽으로 가!", "오른쪽으로 가!", "그 자리에 멈춰!" 하고 큰 소리로 말하면 다른 양들은 모두 그대로 잘 따라 하지만 까만 아기 양은 가끔씩 폴로의 말을 듣지 않을 때가 있어요. 폴로는 이런 까만 아기 양이 영 못마땅했습니다. 까만 양도 불만이 있기는 마찬가지였어요. 폴로가 자기만 미워한다고 생각했으니까요.

'나도 눈처럼 하얀 털을 가졌으면 얼마나 좋을까?'

아침에 까만 아기 양은 양치기 할아버지를 찾아가서 뜨개질 솜씨를 살려서 하얀 털실로 스웨터를 떠 달라고 하였어요. 양치기 할아버지는 까만 아기 양을 쓰다듬으며

"넌 내게 아주 소중하단다. 양을 세다가 나도 모르게 깜빡 졸기도 하는데 네가 울타리에 걸려 비틀거리기라도 하면 그제야 난 화들짝 놀라 졸음을 깨고는 하지. 네가 아니라면 양들이 몇 마리나 돌아오는지 도저히 알 수 없을 거야."

– 엘리자베스 쇼 글, 유동환 옮김, 『까만 아기 양』 중에서

3 까만 아기 양에 대한 설명으로 알맞은 것은 무엇인가요? (   )

① 늑대를 잘 따른다.
② 뜨개질 솜씨가 좋다.
③ 양을 이끄는 일을 한다.
④ 까만 털을 가진 아기 양이다.
⑤ 양치기 할아버지에게 미움을 받는다.

4 까만 아기 양과 양치기 개 폴로는 서로를 어떻게 생각하나요? 알맞은 것에 ○표 하세요.

서로에게 고마워한다.	서로에게 불만이 있다.	서로를 아끼고 보살펴 준다.
( )	( )	( )

5 까만 아기 양이 양치기 할아버지를 찾아가 하얀 털실로 스웨터를 떠 달라고 말한 까닭은 무엇일까요? (   )

① 눈처럼 하얀 털이 어떤 털인지 보여 주기 위해

② 추위를 많이 타는 다른 양에게 가져다주기 위해

③ 자신의 까만 털을 하얀 털처럼 보이게 하기 위해

④ 매번 걸려 넘어지는 울타리 앞에 붙여 두고 조심하기 위해

⑤ 폴로에게 스웨터를 가져다주고 친하게 지내자고 말하기 위해

6 다음은 까만 아기 양에게 보내는 쪽지입니다. 알맞은 말을 골라 ○표 하세요.

> 다른 양들의 털은 하얀데 너만 까매서 (행복했구나 / 속상했구나).
> 더구나 폴로와도 사이가 좋지 않아서 더 (힘들었을 거야 / 뿌듯했을 거야).
> 하지만 너는 양치기 할아버지에게 매우 소중한 존재야.
> 그러니까 앞으로 더욱 (힘내 / 반성해)!

7 빈칸에 알맞은 말을 써서, 이 글의 내용을 정리해 보세요.

> 까만 아기 양은 자신도 눈처럼 [ ][ ] 털을 가지고 싶었습니다.

헷갈리는 말

○ 를 보고, 다음 문장에 어울리는 말을 골라 ○표 하세요.

> 보기
> • 세다: 수를 헤아리다.
> • 새다: 틈이나 구멍으로 물이나 공기 등이 빠져나가다.

굴이 몇 개 남았는지
(새다 / 세다).

공에 구멍이 나서 공기가
(새다 / 세다).

그릇에 금이 가서 국물이
(새다 / 세다).

선생님이 학생들의 수를
(새다 / 세다).

3주 5일
정답 확인

오늘 나의 실력을 평가해 봐!

🐱 부모님 응원 한마디

_____

소개하는 대상 알기 ①

🌰 다음 광고에서 소개하는 물건은 무엇인가요? 알맞은 것을 골라 ○표 하세요.

이 광고에서는 (연필 / 필통)을 소개하고 있어요.

다른 사람한테 무엇인가를 알려 주는 것을 '소개'라고 해요. 소개하는 대상은 사람이 될 수도 있고, 물건이 될 수도 있어요. 그래서 소개하는 글을 읽을 때 대상이 무엇인지 생각하며 읽으면 글의 내용을 더 잘 이해할 수 있어요. 자, 이제 글을 읽고 소개하는 대상이 무엇인지 찾아보아요.

❶ 다음 글을 읽고, 소개하는 대상이 무엇인지 알아보아요.

나는 나보다 두 살 많은 형이 한 명 있습니다. 나는 여덟 살이고 형은 열 살입니다. 형은 나보다 키가 큽니다. 형은 생선을 좋아하고 고기도 잘 먹습니다. 또 과일도 무척 좋아하는데, 과일 중에서 수박을 가장 좋아합니다. 형은 나에게 재미있는 이야기도 잘 들려주고 모르는 문제도 많이 알려 줍니다. 나는 형이 있어서 참 좋습니다.

💡 글쓴이는 누구에 대해 설명하고 있나요? 반복해서 나오는 낱말이 무엇인지 찾아보는 것도 도움이 되어요.

 글쓴이가 소개한 사람은 누구인가요? (   )

① 형   ② 누나   ③ 동생   ④ 엄마   ⑤ 할아버지

 형에 대한 설명으로 알맞지 <u>않은</u> 것은 무엇인가요? (   )

① 여덟 살이다.
② 생선을 좋아한다.
③ 글쓴이보다 키가 크다.
④ 과일 중 수박을 가장 좋아한다.
⑤ 글쓴이에게 재미있는 이야기를 들려준다.

 글쓴이는 형에 대해 어떻게 생각하나요? 알맞은 것을 골라 ○표 하세요.

나는 형이 있어서 참 (좋다 / 불편하다).

2 다음 글을 읽고, 소개하는 대상이 무엇인지 알아보아요.

코끼리는 무척 몸집이 큰 동물입니다. 또 코끼리는 코도 무척 깁니다. 긴 코를 이용해서 나뭇가지나 풀 등을 먹고 물도 마십니다. 코끼리의 귀는 얇고 큽니다. 두 개의 큰 귀는 마치 부채와도 같습니다. 더울 때면 두 귀를 펄럭여서 더위를 식힙니다. 그리고 코끼리는 여럿이 무리를 이루어 같이 생활합니다. 보통 가장 나이 많은 암컷이 무리를 이끕니다.

 💡 이 글을 읽고 알게 된 대상이 무엇인지 생각해 보세요.
이 글에서 소개하는 대상이 무엇인지 찾아 쓰세요.

 코끼리에 대한 설명으로 알맞지 <u>않은</u> 것은 무엇인가요? (   )

① 코가 길다.
② 몸집이 크다.
③ 귀가 두껍고 작다.
④ 긴 코를 이용해 먹이를 먹는다.
⑤ 두 귀는 부채의 역할을 해 준다.

 코끼리 무리를 이끄는 코끼리로 알맞은 것에 ○표 하세요.

가장 나이가 어린 암컷   가장 나이가 많은 수컷   가장 나이가 많은 암컷

뜻이 반대되는 말

◉ 다음 밑줄 친 말과 뜻이 반대되는 말을 골라 ○표 하세요.

엄마는 나이가 <u>많고</u>,
나는 나이가 (작다 / 적다).

형은 키가 <u>크고</u>,
나는 키가 (작다 / 적다).

사탕의 개수는 <u>적고</u>,
초콜릿의 개수는 (많다 / 크다).

노란 옷은 크기가 <u>작고</u>,
빨간 옷은 크기가 (많다 / 크다).

 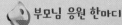

소개하는 대상 알기 2

🌱 다음 글을 읽고 물음에 답해 봅시다.

　제 저금통은 토끼 모양입니다. 전체적으로 둥글고, 짧은 다리가 달려 있습니다. 등 부분에 동전을 넣을 수 있는 길쭉한 네모 모양의 구멍이 뚫려 있습니다. 색깔은 흰색이며, 겉은 반짝거리고 매끄럽습니다.

　제가 심부름을 하거나 착한 일을 하면 어머니, 아버지께서 저금통에 동전을 넣어 주십니다. 이렇게 동전을 모아 저금통이 다 차면 은행에 저금하거나 필요한 물건을 사기도 합니다.

1 이 글에서 소개하는 것으로 알맞은 것에 ○표 하세요.

(　　　　) 　　(　　　　) 　　(　　　　) 　　(　　　　)

2 글쓴이의 저금통에 대한 설명으로 알맞은 것끼리 짝 지어 선으로 이어 보세요.

모양	•	•	흰색이다.
색깔	•	•	전체적으로 둥글고 짧은 다리가 달려 있다.
쓰임새	•	•	은행에 저금하거나 필요한 물건을 살 동전을 모은다.

🌱 다음 글을 읽고 물음에 답해 봅시다.

　　제가 가장 아끼는 물건은 자전거입니다. 친구가 자전거를 멋지게 타는 모습을 보고 저도 자전거를 가지고 싶다는 생각이 들었습니다. 그래서 작년 생일날 부모님께 말씀드려 예쁜 자전거를 샀습니다. 색깔은 노란색이고, 뒷바퀴 쪽에 두 개의 작은 바퀴가 달려 있는 네발자전거입니다.

　　제 자전거에는 여러 편리한 장치들이 있어서 더욱 좋습니다. 앞부분에 바구니가 달려 있어서 물건을 넣을 수 있고, 자전거 안장은 푹신해서 오래 타도 편합니다. 벨도 달려 있는데, 벨 소리가 무척 마음에 듭니다. 한 가지 아쉬운 점은 속도를 알 수 있는 장치가 없다는 것입니다.

3 이 글에서 소개하고 있는 것은 무엇인가요? (　　　　)

① 가방　　　　② 자동차　　　③ 자전거　　　④ 운동화　　　⑤ 학용품

4 이 글의 내용으로 알맞지 <u>않은</u> 것은 무엇인가요? (　　　　)

① 생일 선물로 자전거를 받았다.
② 자전거에 바구니가 달려 있다.
③ 자전거의 벨 소리가 마음에 든다.
④ 자전거에는 속도를 알 수 있는 장치가 있다.
⑤ 자전거의 안장이 푹신해서 오래 타도 편하다.

5 이 글에서 소개하고 있는 내용이 <u>아닌</u> 것을 두 가지 고르세요. (　　　,　　　)

① 자전거의 모양　　　　　　　② 자전거의 가격
③ 자전거를 산 곳　　　　　　　④ 자전거를 산 때
⑤ 자전거를 가지고 싶었던 까닭

6 이 글에서 설명한 글쓴이의 자전거로 알맞은 것에 ◯표 하세요.

(　　　　)　　　　　　(　　　　)　　　　　　(　　　　)

7 다음은 자전거의 어떤 점을 소개한 것인가요? 보기 에서 알맞은 말을 골라 쓰세요.

> 보기　　　　좋은 점　　　　아쉬운 점　　　　불편한 점

　　앞부분에 바구니가 달려 있어서 물건을 넣을 수 있고, 자전거 안장은 푹신해서 오래 타도 편합니다. 벨도 달려 있는데, 벨 소리가 무척 마음에 듭니다.

(　　　　　　　　　　　　)

한 문장 마무리

8 빈칸에 알맞은 말을 써서, 이 글의 내용을 정리해 보세요.

글쓴이가 가장 아끼는 [　][　][　] 에 대해 소개하고 있습니다.

자전거와 관련 있는 말

◯ 다음 자전거 그림을 보고, 화살표가 가리키는 곳의 이름을 보기에서 골라 쓰세요.

보기	바퀴	안장	페달	핸들

운전하기 위해 손으로 잡는 부분

자전거를 타는 사람이 앉는 자리

발로 밟아서 자전거를 움직이게 하는 장치

자전거가 굴러갈 수 있게 하는 것

 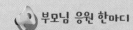

소개하는 대상 알기 ❸

🌳 **다음 대화를 읽고 물음에 답해 봅시다.**

혜빈: 윤기야, 어제 축구 경기 봤니? 내가 응원한 팀이 이겼어.

윤기: 아니, 난 어제 농구 경기를 봤어. 난 축구보다 농구를 좋아하거든.

혜빈: 난 농구는 잘 모르는데, 농구는 몇 명이 어떻게 하는 경기니?

윤기: 농구는 다섯 사람씩 두 편으로 나뉘어서 해. 손으로 공을 주고받으면서 상대방의 골대에 공을 던져 넣어서 점수를 얻으며 겨루는 경기야.

1 윤기가 소개한 경기는 무엇인가요? 알맞은 것에 ○표 하세요.

(   )   (   )   (   )

2 농구에 대한 설명으로 알맞은 것을 두 가지 고르세요. (,   )

① 발로 공을 주고받는다.

② 여섯 명이 한 편이 된다.

③ 공을 손으로 만져서는 안 된다.

④ 두 편으로 나누어서 경기를 한다.

⑤ 상대방의 골대에 공을 던져 넣으면 점수를 얻는다.

🌳 **다음 글을 읽고 물음에 답해 봅시다.**

여러분, 안녕하세요?

저는 지난 여름에 부모님과 함께 제주도에 다녀왔답니다. 우리나라 남쪽에 있는 제주도는 제가 살고 있는 곳과는 많이 달랐어요.

제주도의 땅은 대부분 구멍이 숭숭 뚫린 바위나 돌로 이루어져 있어서 비가 오면 빗물이 바로 땅속으로 스며든다고 해요. 그래서 제주도에서는 물이 차 있어야 하는 논농사는 짓기 어렵기 때문에 주로 밭이 많답니다. 밭은 논처럼 많은 물이 필요한 것은 아니라고 해요.

제주도에서 가장 높은 산은 한라산입니다. 제주도 한가운데에 우뚝 솟아 있지요. 이 산은 제주도의 자랑거리랍니다. 아름다운 돌담 또한 제주도의 자랑거리 중 하나이지요. 제주도에서는 집이나 밭 사이에 있는 돌담을 많이 볼 수 있어요.

3 글쓴이가 소개한 곳으로 알맞은 것에 ○표 하세요.

서울	부산	독도	제주도
☐	☐	☐	☐

4 제주도에 대한 설명을 <u>잘못</u> 말한 친구의 이름을 쓰세요.

> 별이: 우리나라 남쪽에 있어.
> 진이: 주로 밭보다는 논이 더 많다고 해.
> 솔이: 구멍이 숭숭 뚫린 바위나 돌이 많아.
> 찬이: 비가 오면 빗물이 바로 땅속으로 스며든다고 해.

(   )

5 제주도에서 가장 높은 산의 이름을 이 글에서 찾아 쓰세요.

☐☐☐

6 글쓴이가 제주도의 자랑거리로 소개한 것을 두 가지 고르세요. (,   )

① 바위   ② 음식   ③ 돌담

④ 논농사   ⑤ 한라산

7 글쓴이가 이 글을 쓴 까닭은 무엇일까요? (   )

① 제주도의 나쁜 점을 말하려고

② 사람들을 제주도로 이사 가게 하려고

③ 제주도에 대해 알게 된 것을 말하려고

④ 제주도를 여행하며 먹은 것을 자랑하려고

⑤ 제주도에서 살고 싶은 마음을 나타내려고

한 문장 마무리

8 빈칸에 알맞은 말을 써서, 이 글의 내용을 정리해 보세요.

글쓴이는 지난 여름에 다녀온 ☐☐☐ 를 소개하고 있습니다.

농사를 짓는 땅과 관련 있는 말

◎ 다음 그림을 보고, 빈칸에 들어갈 알맞은 말을 보기 에서 골라 쓰세요.

보기   밭   논   과수원

☐ 은 주로 벼농사를 짓기 위해 물을 막아 가두어 놓은 땅이에요.

☐ 은 물이 차 있지 않고 필요할 때에만 물을 대어서 채소 등을 심는 땅이에요.

☐☐☐ 은 과일나무를 많이 심어 놓은 땅이에요.

소개하는 대상 알기 ❹

🌳 다음 글을 읽고 물음에 답해 봅시다.

　옛날 전화기는 요즘 전화기와 많이 다릅니다. 민속 박물관에서 본 옛날 전화기는 요즘 전화기와 모양이나 크기뿐만 아니라 사용 방법도 달라서 매우 신기했습니다. 옛날 전화기는 까만색이고 위쪽이 좁은 과자 상자 모양이며, 그 위에 공 두 개를 이어 놓은 듯한 것이 놓여 있습니다. 그리고 전화기 가운데에는 크고 동그란 장치가 있습니다. 이 동그란 장치는 전화를 걸 때 손가락을 넣고 돌려서 사용합니다. 그리고 그 안에는 0에서 9까지의 숫자가 한 개씩 쓰여 있습니다.

1 이 글에서 소개하는 것으로 알맞은 것에 ○표 하세요.

과자 상자	옛날 전화기	요즘 전화기	민속 박물관
☐	☐	☐	☐

2 이 글에서 설명한 옛날 전화기의 모습으로 알맞은 것에 ○표 하세요.

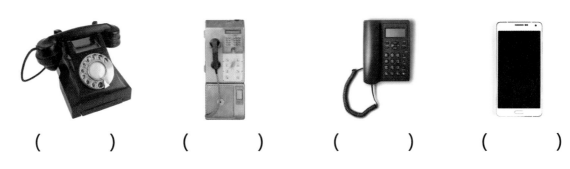

(　　　)　　　(　　　)　　　(　　　)　　　(　　　)

다음 글을 읽고 물음에 답해 봅시다.

물건을 살 때 포장지에 그려진 검고 흰 줄무늬를 본 적이 있나요? 이것을 바코드라고 합니다. 바코드는 물건을 만들거나 파는 회사가 물건에 대한 정보가 담긴 여러 개의 줄을 포장지에 새겨 넣은 것입니다.

▲ 바코드

바코드는 물건을 파는 사람들을 편하게 해 줍니다. 물건을 파는 사람에게 필요한 여러 가지 내용이 바코드 안에 담겨 있기 때문입니다. 바코드에는 물건의 이름, 물건을 만든 나라와 회사, 물건의 가격과 종류 등의 내용을 담습니다. 따라서 계산을 할 때 바코드를 이용하면 물건값을 빠르고 쉽게 계산할 수 있습니다. 또, 판매한 물건과 남은 물건에 대해서도 쉽게 알 수 있어서 무척 편리합니다.

3 이 글에서 소개하고 있는 것은 무엇인가요? (   )

① 물건　　　② 계산기　　　③ 물건값　　　④ 바코드　　　⑤ 포장지

4 바코드는 어떤 모양인가요? 알맞은 말을 골라 ○표 하세요.

검고 흰 (점무늬 / 줄무늬)

5 바코드에 대한 설명으로 알맞은 것에 ○표 하세요.

물건을 사는 사람이 물건에 새겨 넣은 것	물건을 만들거나 파는 회사가 물건의 포장지에 새겨 넣은 것
( )	( )

6 바코드에 담긴 내용이 <u>아닌</u> 것은 무엇인가요? (   )

① 물건의 종류
② 물건의 가격
③ 물건을 만든 나라
④ 물건을 만든 회사
⑤ 물건을 사는 사람

7 바코드를 이용하면 좋은 점으로 알맞은 것을 두 가지 고르세요. (,   )

① 물건이 멋있어 보인다.
② 물건이 더 튼튼해진다.
③ 무거운 물건도 쉽게 나를 수 있다.
④ 물건값을 빠르고 쉽게 계산할 수 있다.
⑤ 판매한 물건과 남은 물건을 쉽게 알 수 있다.

8 이 글을 통해 알 수 있는 내용은 무엇인가요? (   )

① 바코드의 종류
② 바코드를 처음 만든 사람
③ 바코드를 사용하는 모든 회사의 이름
④ 바코드의 줄을 검은색으로 만든 까닭
⑤ 바코드가 물건을 파는 사람들을 편하게 해 주는 까닭

한 문장
마무리

9 빈칸에 알맞은 말을 써서, 이 글의 내용을 정리해 보세요.

를 사용하면 편리한 점에 대해 소개하고 있습니다.

시간과 관련 있는 말

◐ 다음 밑줄 친 말과 뜻이 비슷한 말을 골라 ○표 하세요.

<u>옛날</u>에는 말을 타고 다녔어요.

(과거) (현재)

<u>요즘</u>에는 차를 타고 다녀요.

(미래) (현재)

<u>훗날</u>에는 하늘을 나는 자동차를 탈 수도 있어요.

(과거) (미래)

소개하는 대상 알기 ⑤

🌳 **다음 글을 읽고 물음에 답해 봅시다.**

　이것은 아주 오랜 시간 동안 사람들이 몸의 때를 씻어 내기 위해 사용해 왔습니다. 그런데 옛날에는 돈이 많은 사람이나 높은 지위를 가진 사람만 이것을 쓸 수 있었습니다. 그래서 일반 사람들은 이것을 사용하지 못해 여러 가지 병에 쉽게 걸렸습니다. 그러던 중 프랑스의 르블랑이라는 사람이 일반 사람들도 이것을 손쉽게 쓸 수 있게 만들었습니다. 오늘날 이것은 여러 가지 향을 넣어 향기도 좋을 뿐만 아니라 동그란 모양, 네모난 모양 등 다양한 모양으로 만들어집니다. 이것을 물기가 있는 손에 묻히면 거품이 보글보글 생기기 때문에 아이들은 이것을 신기해하기도 합니다.

1 이 글에서 소개하는 '이것'은 무엇일까요? 알맞은 것에 ○표 하세요.

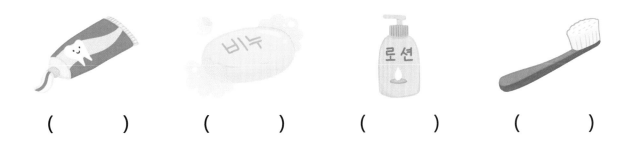

(　　　　)　　　(　　　　)　　　(　　　　)　　　(　　　　)

2 '이것'에 대한 설명으로 알맞은 것에는 ○표, 알맞지 <u>않은</u> 것에는 X표 하세요.

(1) 물기가 있는 손으로 만지면 거품이 생긴다. ····················· (　　　)

(2) 사람들이 몸의 때를 씻어 내기 위해 사용한다. ················· (　　　)

(3) 요즘에도 돈이 많거나 높은 지위를 가진 사람들만 사용한다. ······· (　　　)

🌳 **다음 글을 읽고 물음에 답해 봅시다.**

세종 대왕은 백성을 위해 많은 일을 하였습니다.

옛날에는 우리나라만의 글자가 따로 없어서 중국 글자인 한자를 사용했습니다. 하지만 한자는 익히기 어려운 글자였기 때문에 일반 백성들은 쉽게 배울 수가 없었습니다. 세종 대왕은 글자를 몰라서 불편해하는 백성들을 늘 안타깝게 생각했습니다. 이러한 백성들을 위해 세종 대왕은 '훈민정음'이라는 익히기 쉬운 글자를 만들었습니다. 이 훈민정음이 지금 우리가 쓰고 있는 한글입니다.

또 세종 대왕은 백성들이 농사를 좀 더 쉽게 지을 수 있도록 하였습니다. 여러 신하를 시켜 비의 양을 잴 수 있는 ㉠측우기를 발명하였고, ㉡농사에 대한 정보를 담은 책도 만들었습니다. 측우기와 이와 같은 책 덕분에 백성들은 농사를 좀 더 수월하게 지을 수 있었습니다.

그뿐만 아니라 세종 대왕은 튼튼한 나라를 만들기 위해 노력하였습니다. 나라의 힘을 길러 다른 나라가 우리나라를 쉽게 침략하지 못하도록 하였습니다. 그래서 백성들은 안심하고 살 수 있었습니다.

3 이 글에서 소개하는 사람은 누구인가요? 알맞은 것에 ○표 하세요.

백성   농부   신하   세종 대왕

☐   ☐   ☐   ☐

4 세종 대왕에 대한 설명으로 알맞지 <u>않은</u> 것은 무엇인가요? (   )

① 백성들을 위하고 아꼈다.
② 백성들이 농사를 잘 지을 수 있게 도왔다.
③ 글자를 모르는 백성들을 안타깝게 여겼다.
④ 나라의 힘을 길러 튼튼한 나라를 만들었다.
⑤ 백성들에게 익히기 쉬운 글자인 한자를 배우게 했다.

5 백성을 위해 세종 대왕이 만든 우리나라 글자는 무엇인가요? 이 글에서 찾아 쓰세요.

6 세종 대왕이 ㉠과 ㉡을 만든 까닭은 무엇일까요? (   )

① 백성들이 좀 더 건강하기를 바라서
② 백성들이 좀 더 잘 싸우기를 바라서
③ 백성들이 병에 잘 걸리지 않기를 바라서
④ 백성들이 글자를 편하게 익히기를 바라서
⑤ 백성들이 농사를 좀 더 쉽게 짓기를 바라서

7 이 글은 세종 대왕의 어떤 면을 알리고 싶어서 쓴 것인가요? 알맞은 것에 ○표 하세요.

세종 대왕이 부모님을 위해 한 일을 알리기 위해	세종 대왕이 백성들을 위해 한 일을 알리기 위해	세종 대왕이 어릴 때부터 영특했던 점을 알리기 위해
( )	( )	( )

한 문장
마무리

8 빈칸에 알맞은 말을 써서, 이 글의 내용을 정리해 보세요.

백성을 위했던 | | | | 의 위대한 업적에 대해 소개하고 있습니다.

재미있는 어휘 놀이터

뜻이 비슷한 말

다음 밑줄 친 말과 뜻이 비슷한 말을 골라 ○표 하세요.

수영을 배우다.

익히다 / 가르치다

몸이 튼튼하다.

약하다 / 건강하다

여우가 자신의 새끼를 지키다.

혼내다 / 보호하다

누나가 과자를 다 가지다.

빼앗기다 / 차지하다

4주 5일 정답 확인

오늘 나의 실력을 평가해 봐!

부모님 응원 한마디

시간과 장소 파악하기 ①

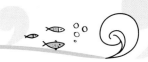

🌰 염소들은 어디에서 싸우고 있나요? 알맞은 것을 골라 ○표 하세요.

내가 먼저 갈 거야!

내가 먼저야!

염소들이 좁은 (징검다리 / 외나무다리)를 먼저 건너려고 싸우고 있어요.

이야기를 읽을 때 일이 일어난 시간은 언제인지, 장소는 어디인지 아는 것이 중요해요. 이야기의 차례를 파악하는 데 도움을 주고, 이야기의 내용도 좀 더 쉽게 이해할 수 있거든요. 오늘부터 글에 드러난 시간과 장소를 파악해 보아요. 그리고 글을 읽을 때 어떤 도움이 되는지 함께 살펴보아요.

1 다음 글을 읽고, 일이 일어난 시간과 장소를 찾으세요.

토요일 오전이라 그런지 신발 가게는 조용했다. 신발 가게에 있는 많은 신발 가운데에서 공주 그림이 있는 노란 운동화를 신어 보았다.

"어머니, 이 운동화를 사고 싶어요."

"그게 마음에 드니? 그럼 그것으로 하자."

집으로 돌아와 새 운동화를 신고 학교 운동장으로 나가 보았다. 운동장에서는 친구들이 술래잡기를 하고 있었다.

"가은아, 어서 와. 너도 같이 하자."

아이들이 술래잡기를 함께 하자고 해서 고마웠다. 새 운동화를 신고 달리니 붕붕 날아가는 것 같았다.

💡 글을 읽으면서 '오전, 오후', '요일', '어제, 오늘, 내일'과 같은 시간을 나타내는 말을 찾아보아요.

 언제 일어난 일인가요? 알맞은 것에 ○표 하세요.

금요일 오전 ☐   금요일 오후 ☐   토요일 오전 ☐   토요일 오후 ☐

이 글에서 다음과 같은 일이 일어난 장소를 찾아 쓰세요.

☐ ☐ ☐ ☐

☐ ☐ ☐ ☐ ☐

❷ 다음 글을 읽고, 일이 일어난 시간과 장소를 찾으세요.

올해 추석에도 큰집에 갔다. 도로에 차가 많았다. 그래서 큰집까지 가는 데 오래 걸렸다. 가는 길은 힘들었지만 큰집에 도착했을 때에는 다 잊을 수 있었다. 할머니께서 무척 반겨 주셨기 때문이다.

이튿날 아침, 차례를 지내고 산소에 갔다. 가을바람에 나뭇잎들이 살랑거렸다. 땅에는 도토리도 떨어져 있었다.

다시 큰집으로 돌아와 송편과 과일을 먹었다. 밤에는 보름달을 보면서 우리 가족 모두 행복하게 해 달라고 소원을 빌었다.

 언제 일어난 일인가요? 알맞은 것에 ◯표 하세요.

설날	추석	대보름
( )	( )	( )

💡 이 글에 나타난 장소만 찾는 거예요. '바다, 산소, 큰집, 박물관, 놀이공원' 중 글에 나타난 것만 찾아보아요.

 글쓴이가 간 곳은 어디인가요? 알맞은 것을 두 가지 고르세요. (,)

① 바다　　　② 산소　　　③ 큰집　　　④ 박물관　　　⑤ 놀이공원

이 글에서 일이 일어난 순서대로 번호를 쓰세요.

(1) 　차례를 지내고 산소에 갔다.　　□

(2) 　밤에 보름달을 보며 소원을 빌었다.　　□

(3) 　도로에 차가 많아 오래 걸려서 큰집에 도착했다.　　□

뜻이 반대되는 말

○ 다음 밑줄 친 말과 뜻이 반대되는 말을 찾아 선으로 이어 보세요.

신발을 <u>신다</u>.

시끄럽다

도서관이 <u>조용하다</u>.

팔다

과자를 <u>사다</u>.

벗다

시간과 장소 파악하기 ❷

🌳 다음 글을 읽고 물음에 답해 봅시다.

　　지난 주말 우리 가족은 할아버지 친구 분의 농장에 다녀왔습니다.

　　우리 가족이 제일 먼저 간 곳은 고구마밭이었습니다. 누나와 나는 신이 나서 고구마를 캤습니다. 고구마를 처음 캐 보는 것이라 힘은 들었지만 무척 재미있는 경험이었습니다.

　　다음에는 오리들이 사는 연못을 구경하러 갔습니다. 오리들이 뒤뚱뒤뚱 걷는 모습이 우습고 귀엽게 느껴졌습니다.

1 언제 일어난 일인가요? 알맞은 것에 ○표 하세요.

어제　　　　　　　오늘　　　　　　지난 주말　　　　이번 주말

☐　　　　　　　　☐　　　　　　　☐　　　　　　☐

2 이 글에서 글쓴이가 간 장소로 알맞은 것을 두 가지 골라 ○표 하세요.

(　　)　　　　　　(　　)　　　　　　(　　)

다음 이야기를 읽고 물음에 답해 봅시다.

햇빛이 쨍쨍 내리쬐는 더운 여름날이었어요. 개미는 땀을 뻘뻘 흘리며 열심히 일을 했습니다. 그러나 베짱이는 시원한 나무 그늘 아래에서 노래만 불렀습니다.

베짱이가 개미들에게 말했어요.

"개미야, 더운데 왜 일을 하니? 나랑 같이 놀자."

"안 돼. 겨울에 먹을 먹이를 지금 많이 모아야지. 베짱이야, 너도 겨울이 오기 전에 먹이를 모아 두렴."

"흥, 이렇게 먹을 게 많은데 왜 일을 하니. 난 놀 거야."

어느덧 추운 겨울이 찾아왔습니다. 베짱이는 춥고 배가 고팠어요. 하지만 주변을 둘러보아도 먹을거리는 하나도 보이지 않았어요. 추위에 덜덜 떨며 어두운 숲속을 헤매다가 여름에 열심히 일을 하던 개미들이 떠올랐어요. 베짱이는 얼어붙은 몸으로 겨우겨우 개미네 집에 찾아갔어요.

"개미야, 난 너무 춥고 배가 고파. 나 좀 도와주겠니?"

개미들은 따뜻하게 베짱이를 맞아 주었어요. 베짱이는 개미가 주는 음식을 허겁지겁 먹었습니다.

"개미들아, 고마워. 너희들처럼 나도 미리 먹이를 모아 두었어야 했는데, 놀기만 했던 게 부끄럽구나."

3 베짱이에 대한 설명으로 알맞은 것은 무엇인가요? (   )

① 부지런하고 열심히 일한다.

② 개미들이 하는 말을 귀담아들었다.

③ 여름은 싫어하고, 겨울을 좋아한다.

④ 일을 하지 않고 노는 것만 좋아한다.

⑤ 어려운 상황에 처한 개미를 도와주었다.

4 베짱이에게 언제 어떤 일이 있었나요? 알맞은 것끼리 짝 지어 선으로 이어 보세요.

•   •   먹이가 없어 배가 고팠다.

•   •   나무 그늘 아래에서 노래를 불렀다.

5 베짱이는 자신을 따뜻하게 맞아 준 개미에게 어떤 마음이 들었을까요? 알맞은 것에 ○표 하세요.

무서운 마음   고마운 마음   신나는 마음   화가 난 마음

☐   ☐   ☐   ☐

6 개미를 찾아간 베짱이에게 해 줄 수 있는 말로 알맞은 것은 무엇일까요? (   )

① 여름에 먹을 음식은 겨울에 모아 두어야 해.
② 이제 그만 개미를 용서하고 음식을 나누어 줘.
③ 너처럼 즐겁게 살아야 후회하지 않을 수 있겠구나.
④ 개미가 너를 도와주지 않았으니 너도 개미를 도와주지 마.
⑤ 여름에 개미가 한 말을 듣고 열심히 일했으면 참 좋았을 텐데.

7 알맞은 말에 ○표 하여, 이 글에서 얻은 깨달음을 정리해 보세요.

> 개미처럼 앞날을 미리미리 (준비 / 낭비)해야 훗날 걱정 없이 지낼 수 있습니다.

온도와 관련 있는 말

◎ 다음 인물의 상황에 어울리는 말을 골라 ○표 하세요.

덥다 / 따뜻하다   춥다 / 시원하다

춥다 / 시원하다   덥다 / 따뜻하다

시간과 장소 파악하기 ③

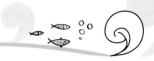

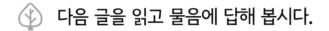

🌳 **다음 글을 읽고 물음에 답해 봅시다.**

    우리 반 친구들은 쓰레기가 어떻게 다시 쓰일 수 있는지 알아보려고 했다. 그래서 오늘 선생님을 따라 재활용 공장에 다녀왔다.

    우리가 공장에서 처음 간 곳은 쓰레기를 손으로 직접 나누는 곳이었는데, 쓰레기에서 나쁜 냄새가 나고 주변에 먼지가 무척이나 많았다. 하지만 일하시는 분들은 신경 쓰지 않고 손으로 쓰레기를 하나하나 나누고 계셨다. 그분들은 쓰레기를 다시 쓸 수 있어서 하고 있는 일에 보람을 느낀다고 하셨다.

    다음으로는 잘 나누어 놓은 쓰레기를 포장하는 곳으로 갔다. 쓰레기를 포장하는 곳에서는 철은 철끼리, 페트병은 페트병끼리 묶어서 납작하게 만든다. 그곳에서는 납작하게 만들어진 철과 페트병을 더 이상 쓰레기라고 하지 않고 '다시 쓰는 자원'이라고 부른다.

1 오늘, 우리 반 친구들이 선생님과 함께 간 곳은 어디인지 쓰세요.

2 이 글에 대한 설명으로 알맞은 것에는 ○표, 알맞지 <u>않은</u> 것에는 X표 하세요.

(1) 우리 반 친구들은 쓰레기 재활용에 관심이 있었다. ··············· (　　)

(2) 일하시는 분들이 쓰레기를 직접 손으로 하나하나 나누었다. ········· (　　)

(3) 우리 반 친구들이 공장에서 처음 간 곳은 쓰레기를 포장하는 곳이었다.··· (　　)

🌳 **다음 글을 읽고 물음에 답해 봅시다.**

● 가는 곳: 미래동 ○○ 소방서

● 가는 까닭: 소방관 아저씨들이 하시는 일을 알아본다.

　　　　　소방관 아저씨들께 감사한 마음을 갖는다.

● 입장료: 없음.

● 견학하는 날: 20○○년 5월 23일(화요일)

● 견학하는 시간: 오전 10시~11시 30분

● 견학하는 내용

　• 홍보 전시관에서: 소방 기구, 소방차, 구급차, 사다리차 보기, 소방관 옷 입어 보기

　• 인명 구조 훈련장에서: 소방관 아저씨들이 사람을 구하고 불을 끄기 위해 훈련

　　하는 모습 보기

● 주의할 점

　• 소방관 아저씨들이 시범을 보일 때 말을 붙이거나 떠들지 않는다.

　• 소방관 옷을 입고 난 뒤 제자리에 정리해 둔다.

3 견학을 가는 곳은 어디인가요? (　　　　)

① 경찰서　　　② 도서관　　　③ 박물관　　　④ 방송국　　　⑤ 소방서

4 이 글에 나온 견학에 대한 설명으로 알맞은 것은 무엇인가요? (　　　　)

① 입장료가 있으므로 미리 준비한다.

② 인명 구조 훈련장은 견학할 수 없다.

③ 오후 1시부터 2시 30분까지 견학한다.

④ 소방관 옷을 입은 후 제자리에 가져다 놓는다.

⑤ 소방관 아저씨들이 시범을 보일 때 큰 소리로 응원한다.

5 이 글에 나타난 내용이 <u>아닌</u> 것은 무엇인가요? (   )

① 견학 장소

② 견학하는 날

③ 견학하는 시간

④ 견학할 때 주의할 점

⑤ 견학 갈 때 필요한 준비물

6 견학을 가는 까닭으로 알맞은 것을 두 가지 골라 ○표 하세요.

소방관이 하는 일을 알아보기 위해서	소방관에게 감사한 마음을 갖기 위해서	소방관이 되는 방법은 무엇인지 알아보기 위해서
( )	( )	( )

7 견학을 하면서 경험할 수 있는 일이 <u>아닌</u> 것은 무엇인가요? (   )

① 사다리차 보기

② 개인 소화기 만들기

③ 소방관 옷 입어 보기

④ 소방차와 구급차 보기

⑤ 소방관이 훈련하는 모습 보기

한 문장
마무리

8 빈칸에 알맞은 말을 써서, 이 글의 내용을 정리해 보세요.

20○○년 5월 23일, 미래동에 있는 [ ][ ][ ]로 견학을 갈 계획입니다.

감정을 나타내는 말

● 다음 그림을 보고, 빈칸에 들어갈 알맞은 말을 찾아 선으로 이어 보세요.

도와줘서
(   ).

• 미안해

앗, 물을 쏟아서
(   ).

• 고마워

상 받은 거
(   ).

• 축하해

네가 다쳐서
(   ).

• 걱정돼

오늘 나의 실력을 평가해 봐!   부모님 응원 한마디

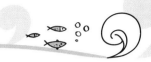 시간과 장소 파악하기 ④

🌱 다음 글을 읽고 물음에 답해 봅시다.

쌀은 어디에서 나는 것일까요? 쌀은 벼에서 나옵니다.

봄에 농부는 논에 모내기를 하여 벼를 심습니다. 여름에 뜨거운 볕을 받으면 벼가 쑥쑥 자랍니다. 가을이 되면 벼는 누렇게 익어, 온 들판을 황금색으로 물들입니다. 이렇게 벼가 다 자라면 농부는 벼를 거둡니다. 벼를 거두어 말리고 찧으면 우리가 먹는 쌀이 됩니다.

1 다음은 벼가 자라는 과정을 정리한 것입니다. 알맞은 말을 골라 ○표 하세요.

봄에는 논에 모내기를 하여 벼를 심는다.

(여름 / 가을)에는 뜨거운 볕을 받으며 벼가 쑥쑥 자란다.

(여름 / 가을)에는 농부들이 누렇게 익은 벼를 거둔다.

2 다음 빈칸에 들어갈 알맞은 말을 이 글에서 찾아 쓰세요.

☐ 은 벼를 말리고 찧은 것이다.

다음 이야기를 읽고 물음에 답해 봅시다.

옛날 옛날 먼 옛날의 일입니다. 어느 날 아침, 소금 장수가 고개를 넘어가다가 굶주린 호랑이와 마주쳤습니다.

"호랑이님, 한 번만 살려 주십시오."

호랑이는 들은 척도 하지 않고 소금 장수를 통째로 삼켜 버렸습니다.

"아, 배고파. 어디 먹을 것이 더 없나?"

어스름한 저녁이 되자 기름 장수가 나타났습니다. 호랑이는 기름 장수도 한입에 삼켜 버렸습니다.

깜깜한 밤에 호랑이 배 속에서 소금 장수와 기름 장수가 만났습니다.

"나는 기름 장수인데, 당신은 누구요?"

"나는 소금 장수요. 여기서 어떻게 빠져나가지요?"

"어이구, 어두워. 먼저 불을 켜고 봅시다."

두 사람은 등잔불을 켜고 빠져나갈 궁리를 했습니다.

그때 호랑이가 갑자기 벌떡 일어나는 바람에 그만 등잔이 엎어지면서 뜨거운 기름이 쏟아졌습니다. 깜짝 놀란 호랑이는 펄쩍펄쩍 뛰었습니다.

"아이고, 뜨거워라. 아이고, 호랑이 죽네!"

호랑이가 날뛸수록 더 많은 기름이 쏟아져 배 속에 더 많은 불이 붙었습니다.

3 소금 장수와 기름 장수가 만난 곳은 어디인가요? (   )

① 시장

② 마을 입구

③ 깊은 산속

④ 호랑이 배 속

⑤ 호랑이 굴 속

4 이 글에 나오는 시간을 나타내는 말을 보기 에서 모두 찾아 쓰세요.

보기   밤   불   궁리   아침   여기   저녁   펄쩍펄쩍

(,   ,   )

5 호랑이가 펄쩍펄쩍 뛴 까닭은 무엇인가요? 보기 에서 알맞은 말을 골라 빈칸에 쓰세요.

보기   고개   기름   등잔   소금

배 속에서 [   ][   ]이 엎어지면서 뜨거운 [   ][   ]이 쏟아져 놀랐기 때문이다.

6 이 글에서 일이 일어난 차례대로 번호를 쓰세요.

(1) 호랑이 배 속에 불이 붙었다.

(2) 호랑이가 소금 장수를 통째로 삼켜 버렸다.   1

(3) 호랑이가 기름 장수를 한입에 삼켜 버렸다.

(4) 소금 장수와 기름 장수가 서로 만났다.

한 문장 마무리

7 빈칸에 알맞은 말을 써서, 이 글의 내용을 정리해 보세요.

소금 장수와 기름 장수가 켠 등잔이 엎어지면서 [   ][   ][   ] 배 속에 불이 붙었습니다.

'받침 ㄹㅁ'이 들어간 말

○ 다음 그림을 보고, 빈칸에 들어갈 알맞은 말을 보기 에서 골라 쓰세요.

보기	굶다	닮다	삶다	옮다

계란을 ☐☐.

체해서 저녁을 ☐☐.

아버지와 아들이 서로 ☐☐.

친구에게서 감기가 ☐☐.

 시간과 장소 파악하기 ❺

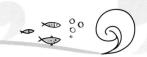

🌱 **다음 일기를 읽고 물음에 답해 봅시다.**

날짜: 20◯◯년 7월 2일 수요일	날씨: 맑음

학교에서 쉬는 시간에 현수와 놀았다. 현수를 놀리고 달아나다가 다른 친구와 부딪혀 계단에서 넘어지는 바람에 나는 다리를 다쳤다. 수업 시간에 다리가 참을 수 없이 아파서 보건실에 갔다. 보건 선생님께서는 많이 다쳤을지도 모르니 병원에 가 보자고 하셨다.

병원에 가서 엑스레이를 찍어 보니 의사 선생님께서 뼈에 금이 갔다고 말씀하셨다. 석고 붕대를 하고 집에 오자, 어머니께서는 다음부터 조심하라고 말씀하시며 몹시 속상해하셨다. 어머니께 너무 죄송하였다. 왜냐하면 내가 다쳤다는 전화를 받고 많이 놀라셨기 때문이다. 다음부터는 절대로 친구와 장난도 치지 않고 계단에서 뛰지도 않겠다고 어머니와 약속하였다.

1 이 글에서 일이 일어난 장소가 바뀐 차례대로 번호를 쓰세요.

병원	집	학교
( )	( )	( )

2 글쓴이가 다친 까닭을 바르게 말한 친구의 이름을 쓰세요.

혜빈: 현수가 놀려서 혼내 주려고 쫓아가다가 다쳤어.
윤기: 보건실에서 급하게 달려가다가 넘어져서 다쳤어.
소희: 현수를 놀리고 달아나다가 다른 친구와 부딪혀서 다쳤어.

( )

다음 이야기를 읽고 물음에 답해 봅시다.

옛날 옛적, 한 나무꾼이 숲에서 열심히 나무를 하고 있었습니다. 그런데 갑자기 새끼 호랑이 한 마리가 나타나더니 계속 나무꾼의 옷을 물고 잡아끌었습니다.

"꼭 자기를 따라오라고 말하는 것 같네."

나무꾼은 새끼 호랑이를 따라 호랑이 굴로 갔습니다. 호랑이 굴 속에는 어미 호랑이가 신음하며 누워 있었습니다. 어미 호랑이는 계속해서 눈물을 흘리며 나무꾼을 쳐다보고 있었습니다. 나무꾼이 어미 호랑이의 입안을 살펴보니 커다란 뼈가 목에 걸려 있었습니다. 나무꾼은 호랑이가 무서웠지만 꾹 참고 호랑이의 목구멍에 손을 넣어 뼈를 빼내었습니다. 나무꾼은 자신을 향해 고맙다는 듯 자꾸 고개를 꾸벅이는 두 호랑이를 뒤로 하고 집으로 돌아왔습니다.

다음 날 숲으로 나무를 하러 가려고 마당으로 나온 나무꾼은 깜짝 놀랐습니다. 앞마당에 커다란 멧돼지 한 마리가 쓰러져 있었기 때문입니다. 놀란 나무꾼이 문 뒤를 보니 어미 호랑이와 새끼 호랑이가 서 있었습니다.

"호랑이가 은혜를 갚은 게로구나."

3 새끼 호랑이가 나무꾼의 옷을 물고 잡아끈 까닭은 무엇일까요? (   )

① 호랑이 굴에서 함께 살고 싶어서
② 멧돼지가 있는 곳을 알려 주려고
③ 어미 호랑이가 나무꾼을 잡아먹게 하려고
④ 어미 호랑이의 목에 걸린 뼈를 빼 달라고 하려고
⑤ 배고픈 어미 호랑이에게 멧돼지를 가져다주게 하려고

4 다음 날 나무꾼이 깜짝 놀란 까닭은 무엇인가요? 빈칸에 들어갈 알맞은 말을 쓰세요.

앞마당에 커다란 ☐☐☐ 한 마리가 쓰러져 있었기 때문이다.

5 장소에 따라 내용을 차례대로 정리할 때, 빈칸에 알맞은 말을 보기 에서 골라 쓰세요.

보기   굴   뼈   옷   집   문

상황	장소	일어난 일
(1) 	숲	새끼 호랑이가 계속 나무꾼의 ⬜을 잡아끌었다.
(2)	호랑이 ⬜	나무꾼이 어미 호랑이의 목에 걸린 ⬜를 빼내었다.
(3)	나무꾼의 ⬜	호랑이가 나무꾼에게 멧돼지를 잡아다 주었다.

6 나무꾼의 성격으로 알맞은 것은 무엇인가요? (   )

① 겁이 많고 고집이 세다.
② 착하고 남을 도울 줄 안다.
③ 욕심이 많고 자기만 생각한다.
④ 게으르고 일하는 것을 싫어한다.
⑤ 거짓말을 잘하고 남에게 피해를 준다.

7 빈칸에 알맞은 말을 써서, 이 글의 내용을 정리해 보세요.

> 호랑이가 자신을 구해 준 나무꾼에게 ⬜⬜ 을 갚았습니다.

시간과 관련 있는 말

◉ 다음 밑줄 친 말과 뜻이 비슷한 말을 골라 ○표 하세요.

주아는 한참 공부를 했다.

오랫동안   급히

친구를 보러 잠깐 나왔다.

한동안   잠시

민영이는 늘 친절하다.

가끔   항상

미리 나와서 친구를 기다리고 있었다.

먼저   나중에

글쓴이의 생각 알기 ①

🌰 언니는 어떤 생각을 가지고 글을 썼을까요? 알맞은 말을 골라 ○표 하세요.

층간 (소음 / 오염)을 일으키지 마세요.

 글을 쓴 사람을 '글쓴이'라고 해요. 글쓴이는 사람들에게 꼭 전하고 싶은 생각이 있어서 글을 써요. 그래서 우리는 글에 담긴 글쓴이의 생각이 무엇인지 파악해야 그 글을 온전히 이해했다고 할 수 있어요. 이번에는 글에 담긴 글쓴이의 생각을 알아보는 연습을 해 봐요.

1 다음 일기를 읽고, 글쓴이의 생각을 찾아보아요.

날짜: 20○○년 6월 3일 토요일	날씨: 맑음

　　오늘은 아침부터 날씨가 맑았다. 아버지께서 냇가에 가자고 말씀하셔서 나는 웃으며 얼른 따라나섰다.

　　그런데 냇가에 거의 도착했을 때 이상한 냄새가 나기 시작하였다. 냇가 주변을 보니 쓰레기가 여기저기 널려 있고 물도 너무 더러웠다.

　　물고기들이 사람들처럼 잘 살 수 있게 냇가에 쓰레기를 버리지 않았으면 좋겠다.

 글쓴이가 아버지와 함께 간 곳은 어디인가요? (　　　　　)

① 학교　　　　② 냇가　　　　③ 바닷가　　　　④ 쓰레기장　　　⑤ 아버지 회사

 글쓴이가 본 장면으로 알맞은 것에 ○표 하세요.

（　　　）　　　　　（　　　）　　　　　（　　　）

💡 글쓴이의 생각은 보통 글의 처음이나 마지막에 잘 드러나 있어요.

다음은 이 글에 드러난 글쓴이의 생각을 정리한 것입니다. 빈칸에 들어갈 알맞은 말을 쓰세요.

| 냇가에 |□|□|□| 를 버리지 말자. |

2 다음 쪽지를 읽고, 글쓴이의 생각을 찾아보아요.

태민이에게

태민아, 전학을 와서 많이 낯설었는데 이것저것 네가 친절하게 알려 줘서 고마웠어. 그리고 내가 도서관에 책을 두고 왔을 때 네가 대신 보관해 주었지? 책을 잃어버렸을까 봐 얼마나 마음을 졸였는지 몰라.

너의 친절한 마음을 잊지 않고 꼭 기억할게. 앞으로도 친하게 지내자.

너의 친구 지영이가

 글쓴이는 어떤 상황이었나요? 알맞은 것에 ○표 하세요.

전학을 와서 많이 낯설었다.	초등학교에 처음 입학해 설렜다.	도서관에 체험 학습을 와서 재미있었다.
( )	( )	( )

 글쓴이가 겪은 일은 무엇인가요? ( )

① 태민이에게 선물을 받았다.
② 태민이에게 국어 숙제를 알려 주었다.
③ 태민이가 책을 잃어버려서 같이 찾으러 다녔다.
④ 도서관에 책을 두고 왔는데 태민이가 보관해 주었다.
⑤ 책을 잃어버렸는데 결국 찾지 못해 태민이가 빌려주었다.

💡 태민이가 글쓴이에게 어떻게 대해 주었는지 알았나요? 글쓴이가 태민이에게 어떤 마음이 들었을지 생각해 보아요.

 이 글에 드러난 글쓴이의 생각은 무엇인가요? 알맞은 말을 골라 ○표 하세요.

태민아, (그리웠고 / 고마웠고) 우리 앞으로도 친하게 지내자.

헷갈리기 쉬운 말

◉ 보기 를 보고, 다음 문장에 어울리는 말을 골라 ○표 하세요.

> 보기
> • 잊어버리다: 한번 알았던 것을 기억하지 못하다.
> • 잃어버리다: 가졌던 물건을 흘리거나 놓쳐서 더 이상 갖지 않게 되다.

공원에서 물통을
(잊어버리다 / 잃어버리다).

비밀번호를
(잊어버리다 / 잃어버리다).

아끼던 인형을
(잊어버리다 / 잃어버리다).

친구 동생의 이름을
(잊어버리다 / 잃어버리다).

6주 1일
정답 확인

오늘 나의 실력을 평가해 봐!

🐱 부모님 응원 한마디

글쓴이의 생각 알기 ②

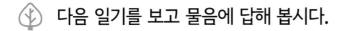

🌳 다음 일기를 보고 물음에 답해 봅시다.

날짜: 20○○년 7월 2일 금요일	날씨: 맑음

 오늘은 동생과 함께 예방 주사를 맞으러 가는 날이다. 동생은 주사를 맞기도 전에 무섭다고 엉엉 울었지만 나는 전혀 무섭지 않았다. 예전에 아빠한테 들었던 이야기 때문이다. 아빠는 예방 주사를 맞아야 우리 몸에 나쁜 병균과 싸울 힘이 생겨서 병에 잘 걸리지 않는다고 말씀하셨다. 동생에게 그 이야기를 해 주며 용기를 내어 보자고 했다.

 나는 씩씩하게 예방 주사를 잘 맞았고, 동생은 무서워하기 했지만 더 이상 울지는 않았다. 내 덕분인 것 같아서 조금은 뿌듯했다.

1 예방 주사를 맞으면 좋은 점을 찾아 ○표 하세요.

저절로 키가 쑥쑥 자라게 해 준다.	나쁜 병균과 싸울 힘을 키워 준다.	두려운 마음을 모두 없애 준다.
( )	( )	( )

2 글쓴이의 생각으로 알맞은 것은 무엇인가요? (   )

① 예방 주사는 맞아야 한다.
② 예방 주사는 맞으면 안 된다.
③ 예방 주사는 우리에게 도움이 안 된다.
④ 예방 주사는 아빠와 함께 맞으면 덜 아프다.
⑤ 예방 주사를 맞으면 병에 더 잘 걸리게 된다.

🌿 다음 편지를 읽고 물음에 답해 봅시다.

수아에게

　수아야, 요새 네가 감기에 걸려서 힘들어하는 모습을 보니 엄마 마음이 아프구나. 그래도 네가 할 일은 찾아서 하는 모습에 우리 수아가 다 컸다는 생각도 들었단다.

　오늘 엄마가 너에게 편지를 쓰는 까닭은 하고 싶은 말이 있어서야.

　요즈음처럼 낮과 밤의 기온 차가 심할 때에는 감기에 걸리기 쉽단다. 그런데 너는 뛰어다니기 불편하다고 옷을 얇게 입고, 집에 돌아와서는 손발도 잘 씻지 않았지. 그저께 저녁에는 양치질도 안 하고 잠자리에 들었잖아?

　수아야, 건강하게 지내려면 좋은 생활 습관을 가져야 한단다. 날씨에 맞게 옷을 입고 몸을 깨끗하게 씻는 게 정말 중요해. 엄마의 가장 큰 바람은 우리 수아가 건강하게 자라는 것이란다.

　수아야, 엄마의 부탁을 꼭 들어주렴.

20○○년 9월 20일

수아를 사랑하는 엄마가

3 이 편지를 통해 알 수 있는 수아의 건강 상태로 알맞은 것에 ○표 하세요.

배탈이 났다. 　　　　　감기에 걸렸다. 　　　　　건강하고 튼튼하다.

☐ 　　　　　　　☐ 　　　　　　　☐

4 엄마의 편지 내용으로 보아 요즈음 수아가 한 행동은 무엇인가요? (　　　　)

① 양치질을 잘하였다.

② 손발을 깨끗이 씻었다.

③ 날씨가 춥다고 두꺼운 옷을 입었다.

④ 뛰어다니기 불편하다고 얇은 옷을 입었다.

⑤ 엄마에게 편지를 자주 써서 사랑을 전했다.

5 엄마가 말하는 좋은 생활 습관으로 알맞은 것을 두 가지 고르세요. (,   )

① 몸을 깨끗이 씻자.

② 잠자기 전에 책을 읽자.

③ 날씨에 맞게 옷을 입자.

④ 감기에 걸리면 바로 병원에 가자.

⑤ 낮과 밤의 기온 차가 심할 때에는 외출을 하지 말자.

6 엄마가 편지를 쓴 까닭은 무엇일까요? (   )

① 수아가 보고 싶어서

② 수아에게 부탁을 하려고

③ 수아에게 미안함을 전하려고

④ 수아에게 축하의 말을 전하려고

⑤ 수아에게 고마운 마음을 전하려고

7 수아가 엄마에게 쓸 답장의 내용으로 알맞은 것을 두 가지 골라 ○표 하세요.

걱정 끼쳐 드려서 죄송해요.	앞으로는 깨끗이 잘 씻을게요.	옷을 얇게 입고 편하게 뛰어다닐게요.
( )	( )	( )

한 문장 마무리

8 빈칸에 알맞은 말을 써서, 이 글의 내용을 정리해 보세요.

엄마는 수아가 좋은 생활 □□ 을 가져 건강하게 지내기를 바랍니다.

병원과 관련 있는 말

○ 다음 빈칸에 들어갈 알맞은 말을 보기 에서 골라 쓰세요.

보기   주사   입원   진찰   수술

의사 선생님께 ☐☐ 을 받았다.
└ 의사가 치료를 위해 환자의 병이나 상태를 살핌.

☐☐ 를 맞아 눈물이 찔끔 났다.
└ 주사기를 통해 몸에 액체로 된 약물을 직접 넣는 일

열이 떨어지지 않아 ☐☐ 을 했다.
└ 병을 고치기 위해 일정 기간 병원에 들어가 지냄.

의사 선생님이 ☐☐ 을 한다.
└ 병을 고치기 위해 몸의 한 부분을 째고 자르거나 붙이고 꿰매는 일

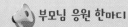

6주 3일

글쓴이의 생각 알기 ❸

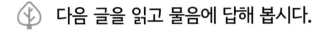

🌳 **다음 글을 읽고 물음에 답해 봅시다.**

아침에 일어나기 싫어 이불 속에서 꼼지락거리다가 늦게 일어났다.

"빨리 일어나. 학교에 지각하겠다."

엄마의 꾸지람을 들으면서 아침밥도 못 먹고 학교로 달려갔다.

그렇지만 선생님도 오시고, 친구들도 다 오고 내가 꼴찌였다. 선생님께도 꾸중을 들었다.

늦잠 한 번 잔 것이 하루를 망쳤다.

다시는 늦잠을 자지 않겠다고 생각하였다.

1 **아침에 늦게 일어나서 생긴 결과가 <u>아닌</u> 것은 무엇인가요? (   )**

① 아침밥을 못 먹었다.   ② 꼴찌로 학교에 도착했다.

③ 선생님께 꾸중을 들었다.   ④ 엄마께 꾸지람을 들었다.

⑤ 이불 속에서 꼼지락거렸다.

2 **글쓴이가 하루를 망치고 나서 생각한 내용은 무엇인가요? 빈칸에 들어갈 알맞은 말을 쓰세요.**

다시는 [   ][   ]을 자지 않겠다.

🌳 **다음 글을 읽고 물음에 답해 봅시다.**

나무는 우리가 잘 살아갈 수 있도록 많은 도움을 줍니다. 나무가 우리에게 어떤 도움을 주는지 자세히 알아봅시다.

우선, 나무는 맑고 깨끗한 공기를 만들어 줍니다. 나무는 햇빛을 받아 영양분을 만드는 과정에서 깨끗한 공기를 밖으로 내보냅니다. 그래서 나무를 많이 심으면 공기가 더욱 깨끗해집니다.

나무는 가뭄이나 홍수를 막아 줍니다. 비가 많이 오면 나무는 빗물을 흡수하여 땅속에 저장해 두는 역할을 합니다. 그리고 물이 마르면 땅에 저장하고 있던 물을 밖으로 내보내서 가뭄을 막아 주기도 합니다.

또한 나무는 산에 있는 흙이 물에 휩쓸려 내려가는 것을 막아 줍니다. 큰비가 오면 흙이 물에 휩쓸려 한꺼번에 쏟아질 수 있는데, 나무의 뿌리가 흙을 잡아 주는 역할을 하기 때문에 이를 막아 줍니다. 그래서 산이 무너지지 않게 해 줍니다.

이렇게 나무가 우리에게 많은 도움을 주는 만큼 우리도 나무를 많이 심고 아끼고 보살펴야겠습니다.

3 나무에 대한 설명으로 알맞지 <u>않은</u> 것은 무엇인가요? (   )

① 나무는 가뭄을 막아 준다.
② 나무는 홍수를 막아 준다.
③ 나무는 큰비가 오지 않게 해 준다.
④ 나무는 산이 무너지지 않게 해 준다.
⑤ 나무는 큰비가 올 때 흙이 물에 휩쓸리지 않게 해 준다.

4 다음 빈칸에 들어갈 알맞은 말을 이 글에서 찾아 쓰세요.

나무는 영양분을 만드는 과정에서 깨끗한 ⬜⬜ 를 내보낸다.

5 그림과 같은 날씨가 계속될 때 나무가 하는 일로 알맞은 것을 찾아 선으로 이으세요.

• ·

· 빗물을 흡수하여
땅속에 저장한다.

· 땅에 저장하고 있던
물을 밖으로 내보낸다.

6 글쓴이의 생각으로 알맞은 것은 무엇인가요? (   )

① 햇빛을 많이 쐬자.
② 공기를 깨끗이 하자.
③ 쓰레기를 버리지 말자.
④ 환경을 오염시키지 말자.
⑤ 나무를 많이 심고 보살피자.

한 문장
마무리

7 빈칸에 알맞은 말을 써서, 이 글의 내용을 정리해 보세요.

⬜⬜ 는 우리에게 많은 도움을 주기 때문에 아끼고 보살펴야 합니다.

뜻이 반대되는 말

◉ 다음 밑줄 친 말과 뜻이 반대되는 말을 찾아 선으로 이어 보세요.

거리가 <u>깨끗하다</u>. ·

· 더럽다

옷이 <u>젖다</u>. ·

· 내려가다

미끄럼틀을 <u>올라가다</u>. ·

· 마르다

오늘 나의 실력을 평가해 봐!   　 부모님 응원 한마디

_____

글쓴이의 생각 알기 ④

🌿 **다음 글을 읽고 물음에 답해 봅시다.**

　과일에는 농약이나 더러운 물질이 묻어 있을 수 있어서 반드시 씻어 먹어야 합니다. 과일을 깨끗하게 씻는 가장 좋은 방법은 과일을 물에 5분 정도 담갔다가 흐르는 물에 30초 이상 씻는 것입니다. 그렇게 하면 농약 성분이 많이 사라진다고 합니다.

　과일마다 씻는 방법도 조금씩 다릅니다. 딸기는 무르기 쉽기 때문에 물에 잠깐 담가 두었다가 흐르는 물에 가볍고 빠르게 씻는 것이 좋습니다. 오렌지는 물에 담가 두었다가 깨끗한 솔로 문질러서 닦아야 합니다.

1 이 글의 내용으로 알맞은 것에는 ○표, 알맞지 <u>않은</u> 것에는 X표 하세요.

(1) 오렌지는 무르기 쉬운 과일이다. ····························· (　　)

(2) 과일은 씻는 방법이 모두 똑같다. ····························· (　　)

(3) 과일에는 농약이 묻어 있을 수 있다. ························ (　　)

(4) 딸기는 깨끗한 솔로 문질러서 닦아야 한다. ·············· (　　)

2 빈칸에 알맞은 말을 써서, 글쓴이의 생각을 정리해 보세요.

과일은 ☐로 깨끗이 씻어서 먹어야 한다.

🌳 다음 편지를 읽고 물음에 답해 봅시다.

엄마께

　엄마, 지난번 성호네 집에 놀러 갔을 때 봤던 강아지를 기억하세요? 저도 성호처럼 우리 집에서 강아지를 기르고 싶어요. 엄마께서는 강아지를 기르기 어렵다고 말씀하셨지만 제 편지를 읽으시면 마음이 달라지실 거예요.

　강아지를 기르는 일은 저에게 책임감을 키울 수 있는 소중한 기회가 되어요. 강아지를 잘 기르려면 강아지에게 먹이도 줘야 하고 매일 산책도 시켜 줘야 해요. 그리고 강아지가 아플 때는 병원에도 데려가야 해요. 강아지를 돌보고 기르는 일을 제가 해야 할 일이라고 생각하고, 이런 일들을 스스로 열심히 하면 책임감을 키울 수 있을 거예요.

　그리고 ㉠강아지를 기르면 우리 가족은 더욱 행복해질 거예요. 강아지는 귀여우면서도 재롱을 잘 피워요. 반갑다고 꼬리를 흔드는 모습을 보면 얼마나 귀여울까요? 강아지의 보드라운 털을 쓰다듬으면 제 마음도 포근해질 거예요.

　엄마, 강아지를 기를 수 있게 허락해 주세요. 그럼 지금보다 훨씬 더 즐거운 일이 많아질 거예요.

20○○년 8월 11일

민지 올림

3 민지가 성호네 집에 놀러 가서 본 동물은 무엇인가요? (　　　　)

① 토끼　　　② 거북　　　③ 강아지　　　④ 고양이　　　⑤ 햄스터

4 민지가 강아지를 기르면 하겠다는 일이 아닌 것에 X표 하세요.

먹이 주기　　　먹이 만들기　　　산책 시키기　　　병원 데리고 가기

☐　　　　☐　　　　☐　　　　☐

5 민지가 말하는 강아지를 기르면 좋은 점은 무엇인가요? (   )

① 온 가족이 더 건강해질 수 있다.

② 성호와 더욱 친하게 지낼 수 있다.

③ 강아지가 민지네 가족을 지켜 줄 수 있다.

④ 민지가 부모님의 말씀을 더 잘 들을 것이다.

⑤ 스스로 할 일을 열심히 하여 책임감을 키울 수 있다.

6 민지가 ㉠과 같이 말한 까닭으로 알맞은 것을 두 가지 고르세요. (,   )

① 강아지가 귀여워서

② 강아지가 듬직해서

③ 강아지가 심부름을 잘해서

④ 강아지가 재롱을 잘 피워서

⑤ 강아지가 짓궂은 장난을 잘 쳐서

7 민지가 이 글을 쓴 까닭에 대해 알맞게 말한 친구의 이름을 쓰세요.

> 호연: 엄마에게 허락을 구하기 위해서 쓴 글이야.
>
> 지수: 엄마에게 사랑하는 마음을 전하기 위해서 쓴 글이야.
>
> 민정: 엄마의 의견에 따르겠다고 말하기 위해서 쓴 글이야.

(   )

한 문장
마무리

8 빈칸에 알맞은 말을 써서, 이 글의 내용을 정리해 보세요.

민지는 엄마에게 [ ][ ][ ] 를 기르게 해 달라고 말하였습니다.

느낌과 관련 있는 말

◉ 다음 그림을 보고, 빈칸에 들어갈 알맞은 말을 골라 ○표 하세요.

아기 이불이라서 무척 (   ).

| 보드랍다 | 딱딱하다 |

나무 의자라서 (   ).

| 보드랍다 | 딱딱하다 |

길이 얼어서 (   ).

| 미끄럽다 | 따끔하다 |

밤송이에 찔려 (   ).

| 미끄럽다 | 따끔하다 |

글쓴이의 생각 알기 ❺

다음 인터넷 게시 글을 읽고 물음에 답해 봅시다.

 미래 초등학교

홈 > 게시판

이름	이지호	등록일	2000-09-28
제목	소혁이를 칭찬합니다		

저는 제 친구 소혁이를 칭찬합니다.

얼마 전 저는 다리를 다쳐서 몹시 힘이 들었습니다. 계단도 쉽게 올라갈 수 없었고 평소에는 무겁지 않던 가방도 혼자 들기 어려웠습니다. 그때 소혁이가 다가와서 제 가방을 들어 주었습니다. 그리고 제가 천천히 걸어갈 때 저와 같은 속도로 걸어가 주었습니다. 달리기를 할 때에는 뛰지 못하는 제가 심심할까 봐 재미있는 그림책도 가져다주었습니다. 친구를 따뜻하게 챙겨 주는 이소혁을 칭찬합니다.

1 얼마 전 글쓴이의 상황은 어떠했나요? (   )

① 계단을 쉽게 올라갔다.　　　② 가방을 가볍게 들었다.

③ 달리기를 열심히 했다.　　　④ 소혁이와 크게 다투었다.

⑤ 다리를 다쳐서 힘이 들었다.

2 이 글에 담긴 글쓴이의 생각으로 알맞은 것에 ○표 하세요.

다친 소혁이가 얼른 낫기를 바라.	나를 도와준 소혁이를 칭찬하고 싶어.
( )	( )

다음 글을 읽고 물음에 답해 봅시다.

　　휴대 전화를 사용하면 쉽고 편리하게 어디서든 다른 사람과 통화할 수 있습니다. 그래서 많은 사람들이 휴대 전화를 사용합니다. 그런데 혹시 수업 시간이나 조용한 도서관에서 갑자기 울리는 휴대 전화 벨 소리 때문에 방해를 받은 적은 없나요? 우리 생활을 편리하게 해 주는 휴대 전화를 더 잘 쓰려면 전화 예절을 지켜야 합니다.

　　첫째, 학교나 도서관처럼 많은 사람들이 사용하는 공공장소에서는 휴대 전화를 벨 소리로 하지 않고 진동이나 소리가 나지 않는 무음으로 해 둡니다. ㉠여럿이 이용하는 장소에서 전화 벨 소리가 울려 퍼지면 시끄러울 뿐만 아니라 다른 사람들이 하던 일을 방해할 수 있기 때문입니다.

　　둘째, 공공장소에서 휴대 전화로 통화할 때에는 너무 큰 목소리로 이야기하거나 지나치게 길게 통화하지 않습니다. 통화 내용이 다 들리면 주변에 있는 사람들은 불편함을 느끼게 됩니다. 그러므로 공공장소에서 통화를 하게 되면 조용한 목소리로 짧게 통화하는 것이 좋습니다.

　　이러한 전화 예절은 모두가 더불어 잘 살아가기 위해 지켜야 할 배려이므로, 우리 모두 오늘부터 바로 실천해야겠습니다.

3 이 글은 무엇을 사용할 때 지켜야 할 일을 말하였나요? 알맞은 것에 ◯표 하세요.

인터넷　　　　　컴퓨터　　　　　자동차　　　　　휴대 전화

☐　　　　　　☐　　　　　　☐　　　　　　☐

4 ㉠과 같은 뜻을 지닌 말을 이 글에서 찾아 쓰세요.

☐☐☐☐

5 도서관에서 전화 예절에 맞게 행동한 친구의 이름을 쓰세요.

> 다은: 휴대 전화 벨 소리를 최대한 크게 해 놓았어.
> 지호: 휴대 전화를 소리가 나지 않는 무음으로 해 놓았어.
> 상윤: 휴대 전화 벨 소리를 조용한 음악 소리로 해 놓았어.

(   )

6 공공장소에서 전화를 받을 때에는 어떻게 해야 하나요? 알맞은 것에 ○표 하세요.

조용한 목소리로 짧게 통화해요.	큰 목소리로 길게 통화해요.	우렁찬 목소리로 짧게 통화해요.
( )	( )	( )

7 글쓴이의 생각으로 알맞은 것은 무엇인가요? (   )

① 공공장소에서는 뛰면 안 된다.
② 공공장소에서는 말하면 안 된다.
③ 전화 예절은 어른이 되면 지켜야 한다.
④ 휴대 전화로 서로의 안부를 자주 전해야 한다.
⑤ 휴대 전화를 잘못 사용하면 다른 사람에게 피해를 준다.

8 빈칸에 알맞은 말을 써서, 이 글의 내용을 정리해 보세요.

> 휴대 전화를 사용할 때에는 전화 ☐☐ 을 지켜야 합니다.

형태는 같지만 뜻이 다른 말

○ 다음 밑줄 친 말의 뜻으로 알맞은 것을 찾아 선으로 잇고, 아래의 낱말을 따라 쓰세요.

휴대 전화를 <u>쓰다</u>.

연필 등으로
글자를 적다.

이름을 <u>쓰다</u>.

머리에
얹어 덮다.

모자를 <u>쓰다</u>.

어떤 일을
하는 데
사용하다.

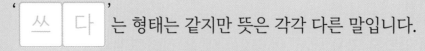

'쓰다'는 형태는 같지만 뜻은 각각 다른 말입니다.

오늘 나의 실력을 평가해 봐!   부모님 응원 한마디

인물의 모습과 행동 상상하기 ①

엄마가 떠올린 영우의 모습으로 알맞은 것에 ○표 하세요.

> 엄마, 오늘 제 짝이 새로 바뀌었어요.

> 재원아, 새로운 짝은 누구야?

> 이름은 영우이고, 그림 그리는 것을 좋아해요.

> 그리고 남자예요. 얼굴이 동그랗고 눈썹이 짙고, 눈도 커요.

> 아하, 영우의 얼굴은 …….

영우의 얼굴은 ( / )처럼 생겼겠구나.

글에는 인물의 모습이나 행동이 잘 나타나 있어요. 그래서 우리는 글을 읽을 때 자연스럽게 인물의 모습을 머릿속으로 떠올리고는 하지요. 인물의 모습이나 행동을 상상하며 읽으면 글의 내용이 실감 나게 느껴져 더 재미있답니다. 이제 글을 읽으며 인물들의 모습이나 행동을 상상해 볼까요?

1 다음 글을 읽고, 인물의 모습과 행동을 상상해 보세요.

오늘 아침에 이가 너무 아팠습니다.

내가 얼굴을 찡그리자 아버지께서 물으셨습니다.

"민아야, 왜 그러니?"

"아! 이가 아파요."

나는 그만 울음을 터뜨리고 말았습니다.

 오늘 아침 민아는 어디가 아팠나요? 빈칸에 들어갈 알맞은 말을 쓰세요.

☐ 가 아팠다.

 민아는 어떤 표정을 지었나요? 알맞은 것에 ○표 하세요.

싱글벙글 웃었다.	얼굴을 찡그리고 울었다.	부끄러워서 얼굴이 빨개졌다.
( )	( )	( )

💡 민아는 어디가 아팠는지, 그로 인해 어떤 표정을 지었는지 생각해 보고, 이를 그림으로 잘 표현한 것을 고르면 됩니다.

 민아의 모습으로 알맞은 것에 ○표 하세요.

(   )　　　(   )　　　(   )　　　(   )

2 다음 글을 읽고, 인물의 모습과 행동을 상상해 보세요.

옛날, 어느 마을에 심술궂은 형과 마음씨가 아주 착한 동생이 살았습니다. 형 놀부는 욕심이 많고 매일 심술을 부렸습니다. 하지만 동생 흥부는 언제나 놀부를 이해했습니다. 어느 날 놀부는 부모님의 재산을 혼자서 모두 차지하고, 흥부에게는 돈 한 푼도 주지 않은 채 집에서 내쫓았습니다. 그래서 놀부는 부자로 살았지만 흥부는 가난하게 살았지요.

 놀부와 흥부가 처한 상황으로 알맞은 것끼리 선으로 이어 보세요.

놀부	•	•	돈 한 푼 없이 집에서 쫓겨났다.
흥부	•	•	부모님의 재산을 혼자서 모두 차지했다.

💡 ✋에서 파악한 내용을 바탕으로 인물의 모습을 상상해 보아요.

다음은 누구의 모습일까요? 빈칸에 들어갈 알맞은 이름을 찾아 쓰세요.

표정을 나타내는 말

◎ 다음 그림을 보고, 인물의 표정을 나타내는 말로 알맞은 것을 찾아 선으로 이어 보세요.

글썽이다

찡그리다

해맑다

째려보다

인물의 모습과 행동 상상하기 ❷

 다음 글을 읽고 물음에 답해 봅시다.

　　오늘은 염소 친구들끼리 모여서 놀기로 약속한 날이에요. 친구들이 모두 와서 놀이를 막 시작하려고 할 때였어요. 갑자기 먹구름이 생기더니 빗방울이 뚝뚝 떨어졌어요. 염소 친구들은 울상이 되었어요. 그런데 시간이 조금 흐르자 거짓말같이 다시 하늘이 밝아졌어요. 방금 내린 비는 소나기이었나 보아요. 해님이 방긋 웃으며 다시 나타나자, 염소 친구들은 신이 나서 폴짝폴짝 뛰며 좋아했어요. 그리고 다시 놀이를 시작하였어요.

1 염소 친구들이 울상이 된 까닭은 무엇인가요? 알맞은 것에 ○표 하세요.

갑자기 빗방울이 떨어져서 ☐　　　갑자기 한 친구가 아프다고 해서 ☐

2 해님이 다시 나타났을 때 염소 친구들의 모습으로 알맞은 것에 ○표 하세요.

(　　　)

(　　　)

(　　　)

다음 이야기를 읽고 물음에 답해 봅시다.

여우와 두루미는 이웃에 살았습니다.

"두루미야, 오늘 저녁 식사에 초대할게."

여우의 말에 두루미는 무척 신이 났습니다.

"정말? 고마워!"

그날 저녁 두루미는 여우의 집을 찾아갔습니다. 여우의 집은 맛있는 음식 냄새로 가득하였습니다.

"두루미야, 맛있게 먹어."

㉠두루미는 식탁을 보고 깜짝 놀랐습니다. 여우가 납작한 접시에 음식을 담아 주었기 때문입니다.

'이걸 먹으라고?'

두루미는 부리가 길어서 도저히 음식을 먹을 수 없었습니다. 두루미는 화가 나서 집으로 돌아왔습니다.

3 누가 누구를 초대했나요? 알맞은 것에 ○표 하세요.

여우가 두루미를 집에 초대했다.	두루미가 여우를 집에 초대했다.
( )	( )

4 두루미가 ㉠과 같이 놀란 까닭은 무엇일까요? (   )

① 준비된 음식이 없어서

② 맛있는 음식 냄새가 나서

③ 두루미가 좋아하는 음식이 나와서

④ 두루미가 싫어하는 음식이 나와서

⑤ 납작한 접시에 음식을 담아 주어서

5 두루미가 음식을 먹지 못한 까닭은 무엇일까요? 빈칸에 들어갈 알맞은 말을 쓰세요.

> ☐☐ 가 길어서 접시에 담긴 음식을 먹지 못했다.

6 이 글에 나타난 두루미의 마음을 알맞게 말한 친구의 이름을 쓰세요.

> 해수: 처음에는 신났지만 나중에는 화가 났어요.
> 소진: 처음에는 당황했지만 나중에는 행복했어요.
> 나래: 처음부터 집에 돌아올 때까지 재미있었어요.

(   )

7 이 글에 나타난 여우와 두루미의 모습으로 알맞은 것에 ○표 하세요.

(   )   (   )   (   )

한 문장 마무리

8 알맞은 말에 ○표 하여, 이 글의 내용을 정리해 보세요.

> 두루미는 여우가 자신을 (배려 / 양보)하지 않아서 기분이 나빴습니다.

흉내 내는 말

○ 다음 그림을 보고, 빈칸에 들어갈 알맞은 말을 골라 ○표 하세요.

물방울이 (　　　　) 떨어진다.

뚝뚝 　　　 덜덜

추워서 (　　　　) 떨고 있다.

뚝뚝 　　　 덜덜

아이가 발을 (　　　　) 구른다.

쌩쌩 　　　 콩콩

바람이 (　　　　) 불고 있다.

쌩쌩 　　　 콩콩

인물의 모습과 행동 상상하기 ③

🌱 다음 시를 읽고 물음에 답해 봅시다.

두껍아 두껍아

임석재

두껍아 두껍아   개미는 흙 나르고
흙집 지어라   황새는 물 긷고
두껍아 두껍아   까치가 밟아도 따안딴
흙집 지어라   황소가 밟아도 따안딴

1 동물들은 누구의 집을 함께 지어 주고 있나요? 알맞은 것에 ○표 하세요.

개미   까치   황소   두꺼비

☐   ☐   ☐   ☐

2 이 시를 읽고 떠오르는 장면으로 알맞은 것에 ○표 하세요.

(   )

(   )

🌳 **다음 시를 읽고 물음에 답해 봅시다.**

개구쟁이 산복이

이문구

이마에 땀방울
송알송알
손에는 땟국이
반질반질
맨발에 흙먼지

┌─────────┐
│   ㉠   │
└─────────┘

봄볕에 그을려
가무잡잡
멍멍이가 보고
엉아야 하겠네
까마귀가 보고
아찌야 하겠네.

3 이 시에서 알 수 있는 산복이의 모습이나 행동이 <u>아닌</u> 것은 무엇인가요?(   )

① 맨발로 뛰어다닌다.
② 피부가 가무잡잡하다.
③ 손에 땟국이 반질반질하다.
④ 멍멍이를 엉아라고 부른다.
⑤ 이마에 땀방울이 맺혀 있다.

4 산복이를 보고 멍멍이가 '엉아야', 까마귀가 '아찌야' 하겠다고 말한 까닭은 무엇일까요? (   )

① 산복이가 강아지에게 자신이 형이라고 매번 말하기 때문에

② 산복이의 모습이 강아지나 까마귀보다 더 지저분하기 때문에

③ 산복이의 행동이 강아지나 까마귀와 비슷한 점이 많기 때문에

④ 산복이네 집은 산이어서 강아지나 까마귀와 가까이 지내기 때문에

⑤ 까마귀가 말을 할 수 있어서 산복이에게 '아찌야'라고 부르기 때문에

5 ㉠에 들어갈 말로 알맞은 말에 ○표 하세요.

얼룩덜룩   생글생글   보송보송

☐   ☐   ☐

6 산복이의 모습으로 알맞은 것에 ○표 하세요.

(   )

(   )

(   )

한 문장
마무리

7 알맞은 말에 ○표 하여, 이 시의 내용을 정리해 보세요.

더러워지는 것을 (신경 쓰고 / 신경 쓰지 않고) 즐겁게 뛰어노는 산복이의 모습을 그리고 있습니다.

'맨-'이 들어간 말

◎ 다음 그림과 낱말의 뜻을 보고, 낱말을 따라 쓰세요.

아이가 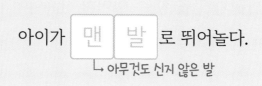 로 뛰어놀다.
└ 아무것도 신지 않은 발

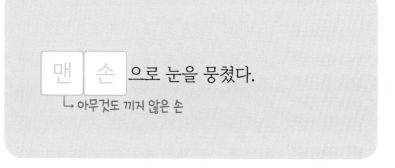 으로 눈을 뭉쳤다.
└ 아무것도 끼지 않은 손

아이가 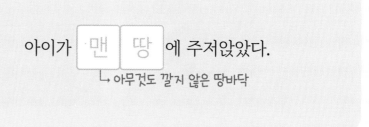 에 주저앉았다.
└ 아무것도 깔지 않은 땅바닥

' 맨 -'은 '다른 것은 없는'의 뜻을 더하는 말이에요.

 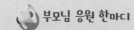

7주 4일 인물의 모습과 행동 상상하기 ④

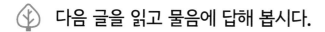

🌳 다음 글을 읽고 물음에 답해 봅시다.

　　우리 집에 있는 강아지의 이름은 복실이입니다. 복실이는 태어난 지 이제 막 두 달이 되었습니다. 아주 작고 귀여운 강아지입니다. 복실이는 갈색 털이 윤기 있게 빛나고 귀가 반으로 접혀 있어서 마치 강아지 인형 같습니다. 걸을 때마다 꼬리를 살랑거리는 모습도 정말 귀엽습니다. 복실이는 내가 학교에 갔다가 돌아오면 제일 먼저 문 앞으로 달려와서 나를 반겨 줍니다. 사랑하는 복실이가 건강하게 무럭무럭 자랐으면 좋겠습니다.

1 이 글에 나타난 복실이의 모습으로 알맞은 것에 ○표 하세요.

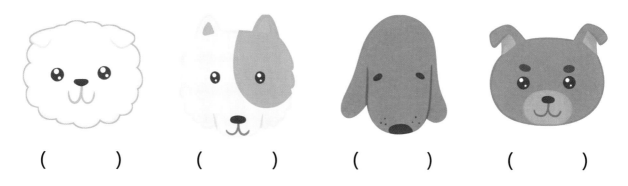

　(　　　　)　　　　(　　　　)　　　　(　　　　)　　　　(　　　　)

2 글쓴이가 복실이에게 바라는 것은 무엇인가요? 빈칸에 들어갈 알맞은 말을 쓰세요.

복실이가 ☐☐ 하게 무럭무럭 자라는 것이다.

바람과 해님이 만났습니다. 바람이 해님에게 말하였습니다.

"내가 이 세상에서 가장 힘이 세."

그 말을 들은 해님이 말하였습니다.

"내가 더 힘이 세."

둘은 서로 자기가 힘이 세다고 우겼습니다. 바람은 화가 나서 말하였습니다.

"그럼 누가 힘이 더 센지 내기해 보자."

그때 마침 한 나그네가 길을 가고 있었습니다. 바람과 해님은 누가 나그네의 외투를 벗기는지 내기를 하였습니다.

"내가 바람을 세게 불면 외투가 벗겨질 거야. 후."

바람이 세게 불자, 나그네는 외투가 벗겨지지 않도록 더욱 옷을 꽉 잡았습니다.

그러자 해님이 웃으며 말하였습니다.

"내가 햇살을 따뜻하게 비추면 나그네가 외투를 벗을 거야."

해님이 햇살을 비추자, 나그네의 이마에 땀이 송골송골 맺혔습니다. 나그네는 단단히 잡고 있던 외투를 벗었습니다.

3 바람과 해님이 서로 다툰 까닭은 무엇인가요? (   )

① 서로 같은 장소에 있겠다고 말했기 때문에

② 서로 자신이 더 멋지다고 생각했기 때문에

③ 서로 자신의 힘이 더 세다고 생각했기 때문에

④ 서로 자신의 목소리가 더 크다고 생각했기 때문에

⑤ 서로 나그네가 자신을 더 좋아한다고 생각했기 때문에

4 바람과 해님이 한 내기는 무엇인가요? (   )

① 길을 가던 나그네에게 말을 거는 것

② 길을 가던 나그네의 외투를 벗기는 것

③ 길을 가던 나그네를 환하게 웃게 하는 것

④ 길을 가던 나그네의 이마에 땀이 맺히도록 하는 것

⑤ 길을 가던 나그네의 외투를 다른 옷으로 갈아입히는 것

5 내기에서 어떤 일이 벌어졌나요? 알맞은 것끼리 선으로 이어 보세요.

바람을 세게
불었다.

나그네가 외투를
벗었다.

햇살을
비추었다.

나그네가 외투를
더 꽉 잡았다.

6 내기가 끝난 후 등장인물의 모습으로 알맞은 것을 두 가지 골라 ○표 하세요.

(   )   (   )   (   )

한 문장 마무리

7 빈칸에 알맞은 말을 써서, 이 글의 내용을 정리해 보세요.

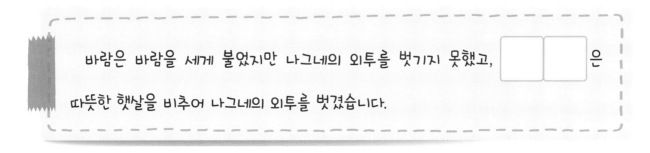

바람은 바람을 세게 불었지만 나그네의 외투를 벗기지 못했고, ☐☐은

따뜻한 햇살을 비추어 나그네의 외투를 벗겼습니다.

뜻이 반대되는 말

◎ 다음 밑줄 친 말과 뜻이 반대되는 말을 찾아 선으로 이어 보세요.

힘이 <u>세다</u>.

손을 <u>잡다</u>.

친구들과 <u>만나다</u>.

놀다

헤어지다

약하다

인물의 모습과 행동 상상하기 ⑤

🌳 다음 시를 읽고 물음에 답해 봅시다.

아이스크림

최혜영

혓바닥으로 날름.
더 많이 날름.
손가락으로 쏘옥.
한 번 더 쏘옥.

진이, 아이스크림 먹었구나.
코랑 손이 온통 아이스크림투성이네.

참 이상하다.
코랑 손으로는 안 먹었는데.

1 아이스크림을 먹은 진이의 모습으로 알맞은 것에 ○표 하세요.

(   )   (   )   (   )

🌿 **다음 이야기를 읽고 물음에 답해 봅시다.**

어느 날, 가난한 나무꾼이 산길을 가다가 요술 부채를 주웠어요. 빨간 부채로 설렁설렁 부치면 코가 길어지고 파란 부채로 설렁설렁 부치면 반대로 코가 짧아졌지요.

하루는 나무꾼이 너무 심심하여 방바닥에 벌렁 누운 채 빨간 부채를 설렁설렁 부쳤어요. 그러자 ㉠나무꾼의 코가 점점 길어져 천장을 뚫고 올라갔어요.

'어라! 이거 재미있네. 코가 어디까지 길어지나 볼까?'

나무꾼은 계속 부채질을 하였어요. 지붕을 뚫고 나간 코는 하늘 높이 올라갔어요. 쑥쑥 올라간 코는 구름을 뚫고 옥황상제의 궁궐 바닥까지 뚫었어요. 옥황상제는 깜짝 놀라 신하들에게 말했어요.

"여봐라, 저 이상한 것을 기둥에 꽁꽁 묶어라."

신하들은 달려들어 나무꾼의 코를 기둥에 꽁꽁 묶었어요.

2 나무꾼이 주운 것은 무엇인가요? 빈칸에 들어갈 알맞은 말을 쓰세요.

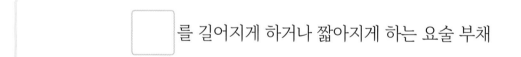

를 길어지게 하거나 짧아지게 하는 요술 부채

3 나무꾼이 다음과 같이 하고 싶을 때 각각 어떤 색의 부채를 부쳐야 하는지 알맞게 색칠해 보세요.

코를 길게 해 볼까?

이제는 코를 짧게 해야겠네.

4 나무꾼이 '빨간 부채'를 계속 부친 까닭은 무엇인가요? (　　　　)

① 날이 너무 더워서

② 하늘에 올라가 보려고

③ 코가 얼마나 길어질 수 있는지 보려고

④ 코가 얼마나 튼튼해질 수 있는지 알아보려고

⑤ 파란 부채를 잃어버리고 빨간 부채만 쓸 수 있어서

5 ㉠과 같은 상황에서 나무꾼의 마음으로 알맞은 것에 ○표 하세요.

두렵다. 　　　　 힘들다. 　　　　 부끄럽다. 　　　　 재미있다.

☐ 　　　　 ☐ 　　　　 ☐ 　　　　 ☐

6 이 글에 나타난 옥황상제와 신하들의 모습으로 알맞은 것에 ○표 하세요.

(　　　　) 　　　　 (　　　　)

한 문장 마무리

7 빈칸에 알맞은 말을 써서, 이 글의 내용을 정리해 보세요.

나무꾼이 요술 ☐☐ 를 부쳐 코를 하늘 높이 길게 늘이다가 옥황상제의 궁궐 바닥까지 뚫었습니다.

헷갈리는 말

◆ 다음 그림을 보고, 빈칸에 들어갈 알맞은 말을 골라 ○표 하세요.

날씨가 더워서 부채를 (　　　).

부치다　　　붙이다

상처에 반창고를 (　　　).

부치다　　　붙이다

어머니가 아이에게 청소를 (　　　).

시키다　　　식히다

뜨거운 죽을 후후 불어 (　　　).

시키다　　　식히다

경험 떠올리기 ①

🌰 수지가 책을 읽고 떠올린 경험은 무엇인가요? 빈칸에 들어갈 알맞은 말을 쓰세요.

「토끼와 거북이」를 읽고, ☐☐☐ 연습을 꾸준히 했던 경험을 떠올렸어요.

 글을 읽다 보면 우리는 자연스럽게 자신이 겪은 일을 떠올릴 때가 있어요. 이렇게 자신의 경험을 떠올리며 글을 읽으면, 글의 내용에 공감하며 읽을 수 있어서 글을 더 깊이 있게 읽을 수 있답니다. 다음 글들을 보고 어떤 경험들을 떠올릴 수 있는지 한번 살펴봐요.

1 다음 일기를 읽고, 떠올린 경험은 무엇인지 살펴보아요.

날짜: 20○○년 10월 8일 수요일	날씨: 흐림

　오늘은 아침부터 배가 너무 고팠다. 그래서 점심시간이 되기만을 기다렸다가 급식실에 내려갔

는데 줄이 너무 길었다.

　배에서 계속 꼬르륵 소리가 나자, 마지막에 서 있던 나는 참지 못하고 새치기를 했다.

　산이가 다른 친구와 말하고 있을 때 슬쩍 그 앞에 선 것이다.

　그러자 산이와 뒤에 있는 친구들이 나에게 새치기는 안 된다며 한마디씩 했다.

　나는 너무 부끄럽고 후회가 되었다. 그래서 맨 마지막 자리로 다시 돌아갔다.

　다음부터는 아무리 급해도 차례를 잘 지켜야겠다고 다짐했다.

 글쓴이가 부끄럽고 후회가 된 까닭은 무엇일까요? (　　　　　)

① 동생과 싸워서　　　　　　　　② 밥을 너무 많이 먹어서

③ 급식 줄을 맨 마지막에 서서　　④ 급식실에서 새치기를 해서

⑤ 배에서 계속 꼬르륵 소리가 나서

 💡 글쓴이와 비슷한 경험을 떠올린 친구를 찾으려면, 우선 글쓴이가 겪은 일과 그때 느꼈던 마음을 파악해야 해요.

글쓴이와 비슷한 경험을 떠올린 친구에게 ○표 하세요.

예전에 나도 화장실이 급해서 차례를 지키지 못한 적이 있어. 너무 부끄러웠어.

나도 며칠 전에 동생과 싸운 적이 있어. 동생이 잘못해서 싸웠는데 나도 같이 혼나서 너무 억울했어.

(　　　　)　　　　　(　　　　)

2 다음 이야기를 읽고, 떠올린 경험은 무엇인지 살펴보아요.

개 한 마리가 고깃덩어리를 입에 물고 다리를 건너고 있었어요.

개는 무심코 다리 밑에 흐르는 강물을 쳐다보았어요. 그런데 강물 속에 어떤 개가 큰 고깃덩어리를 물고 자신을 빤히 쳐다보고 있었어요. 개는 강물 속의 개가 물고 있는 고깃덩어리가 욕심이 나서 입을 크게 벌리고 큰 소리로 짖었어요. 강물 속 개는 물에 비친 자신의 모습인지도 모르고 말이지요. 입을 벌리고 짖는 바람에 개는 자신이 물고 있던 고깃덩어리를 물에 빠뜨리고 말았어요.

💡 이야기에 담겨 있는 내용이 무엇인지 알아야 합니다. 강물 속의 어떤 개는 누구인지 생각해 보세요.

 이 글의 내용을 그림으로 알맞게 표현한 것에 ○표 하세요.

(   )

(   )

 이 글의 내용을 바르게 이해하지 <u>못한</u> 친구의 이름을 쓰세요.

다현: 개가 자신이 가진 것에 만족했으면 좋았을 텐데.
나래: 개는 결국 자신이 물고 있던 고깃덩어리를 잃게 되었어.
소윤: 개가 자신보다 더 강한 개한테 고깃덩어리를 빼앗기게 되었구나.

(   )

 은율이는 이 글을 읽고 자신의 경험을 떠올렸습니다. 알맞은 말을 골라 ○표 하세요.

은율: 나도 (욕심 / 늦장)을 부리다 가지고 있던 것을 잃었던 적이 있어.

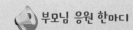

받침에 따라 뜻이 다른 낱말

🔵 사다리를 타고 내려가 낱말에 해당하는 그림을 확인해 보세요.

짖다　　　짓다　　　집다　　　짚다

오늘 나의 실력을 평가해 봐!　　🐱 부모님 응원 한마디

경험 떠올리기 ❷

🌿 다음 글을 읽고 물음에 답해 봅시다.

받아쓰기를 하려고 필통을 여는 순간, 나는 깜짝 놀랐습니다. 필통이 텅 비어 있었기 때문입니다. 어젯밤 숙제를 한 뒤에 깜박 잊고 연필을 넣지 않았나 봅니다.

할 수 없이 짝꿍인 수영이에게 연필을 빌려 달라고 부탁하였습니다.

"나도 딱 한 자루뿐이야. 미안해."

나는 아무것도 쓰지 못하였습니다. 몹시 부끄러웠습니다.

1 글쓴이가 받아쓰기를 할 때 아무것도 쓰지 못한 까닭으로 알맞은 것을 두 가지 고르세요. (,   )

① 손가락을 다쳐서

② 수영이와 싸워서

③ 공부를 하지 않아서

④ 필통에 연필이 없어서

⑤ 수영이에게 연필을 빌리지 못해서

2 글쓴이와 비슷한 경험을 한 친구의 이름을 쓰세요.

> 하윤: 받아쓰기를 백 점 맞아서 기뻤던 기억이 나.
>
> 정현: 준비물을 챙겨 오지 않아서 부끄러웠던 경험이 떠올라.
>
> 사랑: 동생이 아끼던 물건을 잃어버려서 동생이 울었던 일이 생각나.

(   )

🌲 다음 편지를 읽고 물음에 답해 봅시다.

여진이에게

여진아, 안녕? 나는 옆집에 사는 솔미야.

너는 매일 오후 3시에 집에 들어오지?

내가 어떻게 알았는지 궁금할 거야.

네가 현관문을 닫을 때 그 소리가 우리 집까지 들리거든.

'쾅' 하고 문소리가 나면

'아, 여진이가 왔구나.'라고 생각하게 돼.

그러니 이제부터 현관문을 조금만 살살 닫아 주었으면 좋겠어.

그럼 안녕.

20○○년 10월 25일

옆집에 사는 솔미가

3 솔미가 여진이에게 편지를 쓴 까닭은 무엇일까요? 알맞은 것에 ○표 하세요.

여진이와 친하게 지내려고 ☐

여진이에게 부탁을 하려고 ☐

여진이와 만날 약속을 정하려고 ☐

4 솔미는 여진이가 집에 오는 시간을 어떻게 알게 되었나요? (   )

① 오후 3시에 학원이 끝나기 때문에

② 여진이가 현관문에 써 놓았기 때문에

③ 여진이가 솔미에게 말해 주었기 때문에

④ 여진이와 솔미가 집에 같이 오기 때문에

⑤ 현관문을 닫는 소리가 너무 크게 들리기 때문에

5 이 편지를 읽은 여진이가 해야 할 일로 알맞지 <u>않은</u> 것은 무엇인가요? (   )

① 솔미를 보면 피한다.

② 현관문을 조용히 닫는다.

③ 솔미에게 미안하다고 말한다.

④ 솔미의 입장에서 생각해 본다.

⑤ 자신의 행동을 떠올리며 반성한다.

6 다음은 솔미와 비슷한 경험을 한 친구가 쓴 글입니다. 보기에서 알맞은 말을 골라 빈칸에 쓰세요.

| 보기 | 시끄럽게 | 조용하게 | 방해 | 칭찬 |

나는 내 동생이 [   ][   ][   ][   ] 할 때가 많아서 힘들었다. 방문도

쾅쾅 닫고, 장난감도 잘 떨어뜨려서 공부하다가 [   ][   ]를 받은 적이 많

았기 때문이다. 그래서 동생과 많이 싸웠는데 나도 솔미처럼 동생에게 편지를

써야겠다.

한 문장 마무리

7 빈칸에 알맞은 말을 써서, 이 글의 내용을 정리해 보세요.

솔미가 여진이에게 [   ][   ][   ]을 살살 닫아 달라고 부탁하였습니다.

물건을 세는 말

◉ 다음 그림을 보고, 물건을 세는 말로 알맞은 말을 찾아 선으로 이어 보세요.

연필 세 (　　　) ·

· 권

책 두 (　　　) ·

· 자루

신발 한 (　　　) ·

· 켤레

 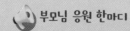

경험 떠올리기 ❸

 다음 글을 읽고 물음에 답해 봅시다.

오랜만에 연주네 가족은 놀이공원에 놀러 갔습니다. 성주와 연주는 높은 곳에서 아래로 빠르게 떨어지는 열차 놀이 기구 앞에서 멈추어 섰습니다.

연주: ㉠와, 오빠 저 놀이 기구 재미있겠다! 얼른 타러 가자!

연주의 말을 듣고, 성주는 벌벌 떨면서 말했습니다.

성주: ㉡아, 나는 저 놀이 기구는 무서워서 못 타겠어. 보기만 해도 가슴이 콩닥콩닥 뛰어! 마음이 조마조마해진다고.

1 ㉠과 ㉡의 말에 나타난 인물들의 마음을 선으로 바르게 이어 보세요.

㉠ 연주 •		• 신나는 마음
㉡ 성주 •		• 무서운 마음

2 이 글의 성주와 비슷한 경험을 한 친구에게 ○표 하세요.

지호: 도서관에서 친구와 조용히 책을 읽었던 기억이 떠올라.	나라: 내가 탄 비행기가 하늘로 막 떠올랐을 때 무서웠던 기억이 떠올라.
( )	( )

다음 시를 읽고 물음에 답해 봅시다.

너도 와

이준관

우리들은 집에 즐거운 일이 있으면
다 부릅니다.
얘들아, 우리 집에 와.

참새를 만나면
참새야, 너도 와.

노랑나비를 만나면
노랑나비야, 너도 와.

집에 즐거운 일이 있으면
집이 꽉 찹니다.

3 말하는 이가 집으로 초대한 친구는 누구인지 이 시에서 찾아 쓰세요.

(,   )

4 말하는 이가 친구들을 집으로 부를 때에는 어떤 마음이었을까요? (   )

① 밉고 원망하는 마음
② 혼이 나서 속상한 마음
③ 샘이 나서 심통이 난 마음
④ 외롭게 혼자 있을 때의 마음
⑤ 즐거운 일을 함께하고 싶은 마음

5 말하는 이가 친구들을 다 부르는 까닭은 무엇일까요? (   )

① 참새를 만나서

② 어른들이 없어서

③ 장난감이 생겨서

④ 공부를 같이 해야 해서

⑤ 집에 즐거운 일이 있어서

6 이 시는 어떤 목소리로 읽어야 할까요? (   )

① 화난 목소리

② 슬픈 목소리

③ 즐거운 목소리

④ 짜증 난 목소리

⑤ 미안한 목소리

7 이 시를 읽으며 비슷한 경험을 떠올린 친구는 누구인가요? (   )

① 미영: 동물원에 놀러 갔던 경험을 떠올렸어.

② 소민: 가족과 외식을 했던 경험을 떠올렸어.

③ 도현: 노랑나비를 관찰했던 경험을 떠올렸어.

④ 민찬: 동생과 놀이터에서 신나게 놀았던 경험을 떠올렸어.

⑤ 유진: 내 생일에 친구들을 집으로 초대했던 경험을 떠올렸어.

8 알맞은 말에 ○표 하여, 이 시의 내용을 정리해 보세요.

집에 즐거운 일이 있으면 친구들을 불러서 (즐거운 / 슬픈) 일을 함께합니다.

뜻이 비슷한 말

◎ 다음 그림을 보고, 밑줄 친 말과 뜻이 비슷한 말을 골라 ○표 하세요.

친구들을 집으로 <u>부르다</u>.

내보내다 　　 초대하다

버스가 사람들로 <u>차다</u>.

가득하다 　　 가로채다

방을 <u>정리하다</u>.

정돈하다 　　 정중하다

친구에게 선물을 <u>주다</u>.

팔다 　　 건네다

오늘 나의 실력을 평가해 봐!

🐱 부모님 응원 한마디

_____

경험 떠올리기 ④

🌳 **다음 학교 신문 기사를 읽고 물음에 답해 봅시다.**

미래 초등학교 신문   2000년 11월 8일 금요일

음식

1학년 1반 박미영

나와 내 동생은 음식 먹는 습관이 서로 다릅니다. 나는 음식을 골고루 먹습니다. 그러나 내 동생은 고기만 좋아합니다.

음식을 골고루 먹어야 몸이 튼튼해집니다. 내 동생처럼 자기가 좋아하는 음식만 골라 먹으면 건강에 나쁩니다.

나는 음식을 골고루 먹어야 한다고 생각합니다.

---

1 이 글을 통해 미영이가 꼭 전하려고 하는 내용으로 알맞은 것에 ○표 하세요.

내가 동생보다 더 건강하다.

☐

음식을 골고루 먹어야 한다.

☐

음식 먹는 습관은 사람마다 다르다.

☐

2 미영이와 비슷한 경험을 한 친구의 이름을 쓰세요.

> 명호: 약을 잘 챙겨 먹었더니 병이 금방 나았어.
>
> 별이: 운동을 열심히 했더니 감기에 잘 걸리지 않는 거 같아.
>
> 진아: 내가 싫어하는 채소도 열심히 먹었더니 더 건강해진 거 같아.

(   )

다음 안내 글을 읽고 물음에 답해 봅시다.

1학년 현장 체험 학습 안내

학부모님 안녕하십니까? 우리 학교 교육 계획에 따라 1학년 10월 현장 체험 학습을 실시하고자 합니다. 1학년 어린이들이 안전하고 즐겁게 체험 학습을 할 수 있도록 부모님의 많은 관심과 협조 부탁드립니다.

1. 일시: 20○○. 10. 29. (월) 09:00~13:30

2. 장소: ○○시 교통랜드

3. 내용

 – 교통 표지판의 종류와 뜻 알기

 – 자동차의 위험성과 교통 안전의 중요성 알기

 – 교통 안전 퀴즈 풀기 및 운전 체험하기

4. 교통편: 버스

5. 참가비: 교통비 9,380원, 체험비 없음.

 ※ 현장 체험 학습 날 갑자기 결석하면 교통비는 돌려드리지 않습니다. 현장 체험 학습에 참석하지 못하는 학생이 있을 경우 교통비는 달라질 수 있습니다.

6. 준비물: 점심밥(도시락), 물, 비닐봉지, 돗자리, 수첩과 연필

※ 안전(안전띠 꼭 매기, 창밖으로 손 내밀지 않기, 개인 행동 하지 않기)에 대한 주의 사항을 가정에서 한 번 더 지도해 주시면 감사하겠습니다.

20○○. 10. 12.

미래 초등학교장

---

3 현장 체험 학습 내용이 <u>아닌</u> 것은 무엇인가요? (   )

① 운전 체험하기   ② 교통 경찰 체험하기

③ 교통 안전 퀴즈 풀기   ④ 교통 안전의 중요성 알기

⑤ 교통 표지판의 종류와 뜻 알기

4 현장 체험 학습 참가비에 대한 설명으로 알맞은 것에는 ○표, 알맞지 <u>않은</u> 것에는 X표 하세요.

(1) 체험비는 9,380원이다. ·· (   )

(2) 현장 체험 학습 날 갑자기 결석해도 교통비는 돌려준다. ·········· (   )

(3) 현장 체험 학습에 참석하지 못하는 학생이 있을 경우 교통비가 달라질 수 있다.
··· (   )

5 현장 체험 학습을 가기 위한 준비물로 알맞은 것을 세 가지 골라 ○표 하세요.

한 문장
마무리

6 빈칸에 알맞은 말을 써서, 이 글의 내용을 정리해 보세요.

1학년 학생들이 10월에 가는 [ ][ ][ ][ ][ ][ ]에 대해

안내하고 있습니다.

학교 생활과 관련 있는 말

● 다음 낱말과 반대되는 뜻의 날말을 찾아 선으로 이어 보세요.

출석

졸업을 축하합니다

졸업

등교

결석

입학을 축하합니다

입학

하교

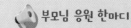

경험 떠올리기 ⑤

🌳 다음 그림을 보고 물음에 답해 봅시다.

1 친구들의 행동으로 인해 지구는 어떤 모습일까요? 알맞은 것을 찾아 ○표 하세요.

(   )

(   )

(   )

2 이 그림을 보고 비슷한 경험을 떠올린 친구에게 ○표 하세요.

미주: 나도 씻을 때 물을 낭비해서 썼는데, 그러면 안 되겠구나.

유현: 어제 아이스크림을 많이 먹어서 배탈이 났어.

(   )   (   )

🌲 **다음 이야기를 읽고 물음에 답해 봅시다.**

옛날, 어느 마을에 오랫동안 비가 내리지 않았습니다. 가뭄이 계속되자 마을에 있는 우물도 점점 마르기 시작했습니다. 사람들은 물이 말라 가자 크게 걱정하였습니다.

그러던 어느 날 한 젊은이가 길에서 지쳐 있는 자라를 발견하였습니다. 젊은이는 물도 없는 곳에 자라가 있는 것이 불쌍하여 자신의 집으로 데려갔습니다. 젊은이도 물이 부족했지만 자라를 그대로 둘 수 없었기 때문에 자신의 물 항아리에 자라를 넣어 주었습니다.

시간이 지나자 자라는 기운을 차리게 되었습니다. 그리고 자신을 살려 준 젊은이에게 말하였습니다.

"젊은이가 나를 살려 주었군요. 앞으로 이 항아리에는 물이 줄어들지 않을 거예요."

자라는 젊은이에게 감사의 인사를 하고 자신이 살던 곳으로 돌아갔습니다.

가뭄이 더 심해지자 우물은 완전히 말라 버렸습니다. 하지만 젊은이의 물 항아리에는 언제나 맑은 물이 가득하였습니다. 마을 사람들은 젊은이가 나누어 주는 물 덕분에 가뭄을 이겨 낼 수 있었습니다.

3 젊은이가 살고 있는 마을은 어떤 상황인가요? (   )

① 사람들이 마을을 떠나고 있다.
② 오랫동안 비가 내리지 않았다.
③ 며칠째 비가 계속 내리고 있다.
④ 사람들이 힘을 모아 우물을 파고 있다.
⑤ 산에 사는 동물들이 마을로 내려오고 있다.

4 젊은이가 한 일로 알맞은 것을 두 가지 골라 ○표 하세요.

지쳐 쓰러져 있는 자라를 구해 주었다.	비를 내리게 해서 우물에 물을 채워 주었다.	우물이 완전히 말랐을 때 마을 사람들에게 물을 주었다.
( )	( )	( )

5 자라는 젊은이에게 무엇을 해 주었나요? 보기 에서 알맞은 말을 골라 빈칸에 쓰세요.

보기	돈	물	불	힘

젊은이의 항아리에 ☐ 이 줄어들지 않게 해 주었다.

6 이 글을 읽고 비슷한 경험을 떠올린 친구의 이름을 쓰세요.

청희: 젊은이처럼 착한 일을 하고 난 뒤에 좋은 일이 생긴 적이 있어.
유하: 나도 마을 사람들처럼 게을러서 하던 일을 다 못 끝낸 적이 있어.
초아: 젊은이처럼 친구와 다투었지만 잘 화해해서 더 친해진 적이 있어.

( )

한 문장 마무리

7 빈칸에 알맞은 말을 써서, 이 글의 내용을 정리해 보세요.

☐☐☐ 가 자라를 살려 준 덕분에 온 마을 사람들이 가뭄을 이겨 낼 수 있었습니다.

뜻이 반대되는 말

◉ 다음 그림을 보고, 밑줄 친 말과 뜻이 반대되는 말을 찾아 선으로 이어 보세요.

먹는 양이 <u>줄어들다</u>.

• 이기다

운동장이 <u>넓다</u>.

• 좁다

가위바위보에서 <u>지다</u>.

• 늘어나다

   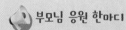

하루 한장 독해

바른답과 학부모 가이드

1 단계 (1~2학년)

하루 한장 독해의 효율적인 학습을 위한 특별 제공

1

"바른답과 학부모 가이드"의 앞표지를 넘기면 '학습 계획표'가 있어요. 아이와 함께 학습 계획을 세워 보세요.

2

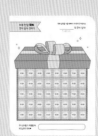

"바른답과 학부모 가이드"의 뒤표지를 앞으로 넘기면 '붙임 학습판'이 있어요. 붙임딱지를 붙여 붙임 학습판의 그림을 완성해 보세요.

3

그날의 학습이 끝나면 '정답 확인' QR 코드를 찍어 학습 인증을 하고 하루템을 모아 보세요.

하루 한장 독해 1단계 학습 계획표

주차	일	읽기 목표	학습 내용	학습 계획일	부모님 확인
1주	1일	누가 무엇을 했는지 알기	❶ 토순이와 다람이의 술래잡기 / ❷ 고구마 캐기	월 일	
	2일		❶ 하진이의 초대장 / ❷ 소희의 편지	월 일	
	3일		❶ 개미의 길 찾기 / ❷ 동물들은 어떻게 잘까요?	월 일	
	4일		❶ 유미와 지아의 대화 글 / ❷ 선녀와 나무꾼	월 일	
	5일		❶ 세계인의 인사법 / ❷ 김득신	월 일	
2주	1일	상황 파악하기	❶ 개미와 비둘기 / ❷ 나의 걱정	월 일	
	2일		❶ 거짓말 / ❷ 아기 돼지 삼 형제	월 일	
	3일		❶ 별나라 대통령의 초대장 / ❷ 지구 동물들의 답장	월 일	
	4일		❶ 우리나라도 물 부족 국가예요 / ❷ 피노키오	월 일	
	5일		❶ 꾀병_이어진 / ❷ 호랑이와 곶감	월 일	
3주	1일	인물의 마음 파악하기	❶ 빨간 모자와 늑대 / ❷ 보고 싶은 할머니	월 일	
	2일		❶ 서연이네 가족 대청소 / ❷ 재미있고 신나는 체육 대회	월 일	
	3일		❶ 딱지 따먹기 / ❷ 바람과 빈 병_문삼석	월 일	
	4일		❶ 칭기즈 칸 / ❷ 어부와 멸치	월 일	
	5일		❶ 학교 방송 인터뷰 / ❷ 까만 아기 양	월 일	
4주	1일	소개하는 대상 알기	❶ 나의 형 / ❷ 코끼리	월 일	
	2일		❶ 나의 저금통 / ❷ 나의 자전거	월 일	
	3일		❶ 축구와 농구 / ❷ 제주도를 다녀와서	월 일	
	4일		❶ 옛날 전화기 / ❷ 바코드	월 일	
	5일		❶ 비누 / ❷ 세종 대왕	월 일	
5주	1일	시간과 장소 파악하기	❶ 새 운동화 / ❷ 추석에 있었던 일	월 일	
	2일		❶ 지난 주말에 있었던 일 / ❷ 개미와 베짱이	월 일	
	3일		❶ 재활용 쓰레기장에 다녀와서 / ❷ 소방서 견학 안내문	월 일	
	4일		❶ 쌀 / ❷ 기름 장수와 호랑이	월 일	
	5일		❶ 다리를 다친 일 / ❷ 은혜 갚은 호랑이	월 일	
6주	1일	글쓴이의 생각 알기	❶ 냇가에 쓰레기를 버리지 말자 / ❷ 고마운 태민이에게	월 일	
	2일		❶ 예방 주사 맞기 / ❷ 수아에게	월 일	
	3일		❶ 늦잠 / ❷ 나무를 보살피자	월 일	
	4일		❶ 과일을 깨끗이 씻자 / ❷ 강아지를 기르게 해 주세요	월 일	
	5일		❶ 소혁이를 칭찬합니다 / ❷ 휴대 전화 예절을 지키자	월 일	
7주	1일	인물의 모습과 행동 상상하기	❶ 이가 아파요 / ❷ 흥부와 놀부	월 일	
	2일		❶ 아기 염소들의 약속 / ❷ 여우와 두루미	월 일	
	3일		❶ 두껍아 두껍아_임석재 / ❷ 개구쟁이 산복이_이문구	월 일	
	4일		❶ 우리 집 강아지 복실이 / ❷ 바람과 해님	월 일	
	5일		❶ 아이스크림_최혜영 / ❷ 빨간 부채 파란 부채	월 일	
8주	1일	경험 떠올리기	❶ 나의 다짐 / ❷ 고깃덩어리를 입에 문 개	월 일	
	2일		❶ 텅 빈 필통 / ❷ 솔미의 편지	월 일	
	3일		❶ 놀이 기구를 타기 / ❷ 너도 와_이준관	월 일	
	4일		❶ 음식 / ❷ 1학년 현장 체험 학습 안내문	월 일	
	5일		❶ 지구 / ❷ 마르지 않는 항아리	월 일	

●: 이야기 ●: 시, 노랫말 ●: 극본 ⦿: 설명하는 글 ●: 주장하는 글 ●: 생활 글

바른답과
학부모 가이드

1단계 (1~2학년)

※ 예쁜 붙임딱지를 붙이면서 하루 한장과 함께 즐겁게 공부해 보세요!

1 (   ), (○)   2 (   ), (○)

3 □ ○ □ □   4 ②

5 (1)● ─────── ●   6 소희

(2)● ─────── ●

(3)● ─────── ●

1 이 생일잔치 초대장은 하진이가 예준이에게 주려고 만든 것입니다.

2 이 편지는 소희가 여름 방학 때 있었던 일을 선생님께 전하려고 쓴 것입니다.

3 소희는 여름 방학에 '바다'로 여행을 가서 동생과 조개를 잡고, 부모님과 수영을 하고, 저녁에 라면을 먹었습니다.

4 이 글에서 소희는 크게 '조개 잡기(동생과 조개를 잡다가 힘들어서 다른 사람이 조개 캐는 것을 구경함.)', '수영하기(부모님과 함께 수영하기)', '라면 먹기(소희가 직접 잡은 조개를 넣은 라면 먹기)'를 했습니다. 하지만 소희가 친구들과 모래 놀이를 했다는 내용은 나오지 않았습니다.

5 이 글에서 소희는 조개를 직접 캘 때에는 힘들었고, 수영할 때에는 재미있었고, 라면을 먹었을 때에는 자신이 잡은 조개를 먹어서 신기했다고 했습니다.

1주 1일

◇ 콩쥐

① 👆 ○ ○ □   ✌ (   ), (○)

🖐 ●────────●
   ●────────●

② 👆 ①, ②   ✌ 고구마

🖐 (○), (○), (   )

①

👆 이 글에 토순이와 다람이는 나오지만, 선생님은 나오지 않습니다.

✌ 이 글의 첫 번째와 두 번째 문장에 나와 있습니다. 토순이와 다람이는 놀이터에서 만났고 술래잡기를 했습니다.

②

🖐 밭에서 돌아와 고구마를 삶은 인물은 신영이가 아닌 할머니입니다.

재미있는 어휘 놀이터

◎ 다음 밑줄 친 말과 뜻이 반대되는 말을 골라 ○표 하세요.

숙제를 마치다.
시작하다 / 맞추다

동생이 슬퍼서 엉엉 울다.
화나다 / 웃다

우리는 좋아하는 음식이 같다.
비슷하다 / 다르다

키가 커져서 바지가 짧다.
가볍다 / 길다

재미있는 어휘 놀이터

◎ 다음 그림을 보고, 밑줄 친 말의 높임 표현을 찾아 선으로 이어 보세요.

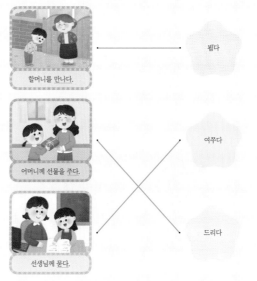

할머니를 만나다.   뵙다

어머니께 선물을 주다.   여쭈다

선생님께 묻다.   드리다

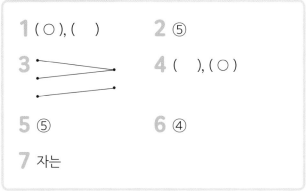

1 (○), (　)　　2 ⑤

3 ［선 연결］　　4 (　), (○)

5 ⑤　　6 ④

7 자는

2 이 글에서 먼저 간 개미가 나중에 올 개미를 위해서 냄새를 묻히며 기어가고, 뒤에 오는 개미들은 그 냄새를 맡으며 같은 길을 가게 된다고 했습니다.

3 이 글에서 황새는 한쪽 다리로 서서 자고, 기린도 서서 잔다고 했습니다. 박쥐는 거꾸로 매달려 잠을 잔다고 했습니다.

4 황새는 잘 때 두 쪽 다리가 아닌, 한쪽 다리만 깃털 사이에 넣습니다.

5 '기린'은 적이 나타나면 빨리 도망가기 위해 서서 잔다고 했습니다. 추위로부터 몸을 보호하기 위해 서서 자는 동물은 '황새'입니다. 이때 기린과 황새는 둘 다 서서 자지만, 그 까닭은 서로 다르다는 것을 짚어 주세요.

6 박쥐는 발이 갈고리 모양으로 생겨 거꾸로 매달려 있을 수 있습니다.

재미있는 **어휘 놀이터**

❍ 다음 그림을 보고, 문장에 어울리는 말을 골라 ○표 하세요.

바른 자세로 의자에 (안다 / **앉다**).

누나가 동생을 살포시 (**안다** / 앉다).

아버지가 나를 (**업다** / 없다).

놀이터에 친구들이 (업다 / **없다**).

---

1 지아, 유미　　2 (　), (○)

3 □ □ □ ☒　　4 ②, ⑤

5 ⑤

6 (1) ☆ (2) ♥ (3) ☆ (4) ♥

7 사슴

2 전국 어린이 가족 사랑 글짓기 대회에서 대상을 받은 사람은 '지아'입니다. '유미'는 대상을 받은 지아에게 축하 인사를 건네고 있습니다.

3 이 글에 나오는 등장인물은 나무꾼, 사슴, 사냥꾼입니다.

4 나무꾼은 사슴을 살려 주기 위해, 사슴을 나뭇더미 속에 숨겨 주었습니다. 그리고 사냥꾼에게는 사슴을 보지 못했다고 거짓말을 했습니다.

5 사슴은 사냥꾼에게 잡히지 않기 위해 나무꾼에게 자신을 숨겨 달라고 부탁했습니다.

6 이 글에는 '사슴'을 도와주는 인물과 '사슴'을 위험에 빠뜨리는 인물이 각각 등장합니다. 즉, 사슴을 위험에 빠뜨리게 한 인물로부터 사슴을 구해 주는 것이 이 이야기의 주요 흐름입니다. 각각의 인물이 어떤 관계를 맺고 있는지를 확인할 수 있도록 지도해 주세요.

재미있는 **어휘 놀이터**

❍ 다음 그림을 보고, '받침 ㅊ'이 들어간 낱말을 따라 쓰세요.

꽃 을 선물로 받다.

사냥꾼이 덫 을 놓다.

경찰이 도둑을 쫓 다.

밤하늘에 별이 빛 나 다.

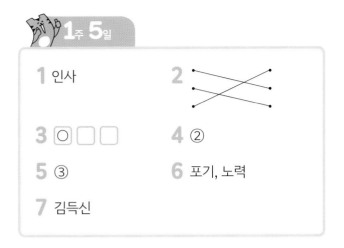

1 인사

2 (선 잇기)

3 ◯ □ □

4 ②

5 ③

6 포기, 노력

7 김득신

2 우리나라 사람들은 허리를 굽혀 인사하고, 멕시코 사람들은 서로 껴안으면서 인사하며, 사우디아라비아 사람들은 뺨을 대며 인사한다고 했습니다.

4 김득신은 어렸을 때부터 다른 사람에 비해 배움이 느려서, 책을 손에서 놓지 않고 수없이 반복해서 읽었다고 했습니다.

5 김득신은 책을 이해할 때까지 반복해서 끊임없이 읽었다고 했습니다. 따라서 김득신의 이러한 태도를 보고, 대단한 노력이라고 표현한 소진이의 대답이 알맞습니다.

6 김득신은 이해가 되지 않는 책은 만 번, 십만 번 넘게 읽었다고 했습니다. 따라서 책이 조금 어렵다고 읽는 것을 포기하려는 친구에게, 포기하지 말고 김득신처럼 이해가 될 때까지 노력하라는 조언이 적절합니다.

재미있는 **어휘 놀이터**

◎ 다음 그림을 보고, 빈칸에 들어갈 알맞은 말을 골라 ◯표 하세요.

달팽이는 움직임이 ( ).
느리다 / 늘이다

누나가 고무줄을 길게 ( ).
느리다 / 늘이다

새가 ( ).
날다 / 나르다

아버지가 짐을 ( ).
날다 / 나르다

'느리다'는 '어떤 행동을 하는 데 걸리는 시간이 길다.'를, '늘이다'는 '어떤 것을 원래보다 더 길게 하다.'를 뜻합니다.

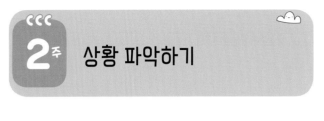

2주 상황 파악하기

2주 1일

🌰 비

1 ✌ 총   ✌ □ □ ◯
   ✌ 구해 주었다

2 ✌ ⑤   ✌ 곤란한
   ✌ (◯), ( )

1

✌ 사냥꾼은 비둘기를 잡으려고 총을 겨누었습니다. 따라서 비둘기는 사냥꾼으로 인해 목숨이 위험해진 상황에 처하게 되었습니다.

2

✌ 글쓴이는 민철이가 수업 시간에 자꾸 말을 걸어서, 공부하는 데에도 방해가 되고 선생님께 꾸중까지 듣고 있습니다. 따라서 민철이 때문에 곤란한 상황에 처해 있습니다.

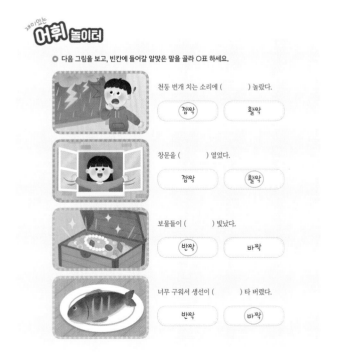

재미있는 **어휘 놀이터**

◎ 다음 그림을 보고, 빈칸에 들어갈 알맞은 말을 골라 ◯표 하세요.

천둥 번개 치는 소리에 ( ) 놀랐다.
깜짝 / 활짝

창문을 ( ) 열었다.
깜짝 / 활짝

보물들이 ( ) 빛났다.
반짝 / 바짝

너무 구워서 생선이 ( ) 타 버렸다.
반짝 / 바짝

3

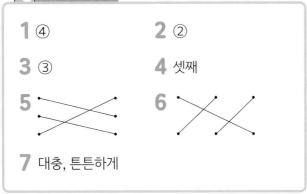

2주 2일

1 ④	**2** ②
3 ③	**4** 셋째
5 (선 연결)	**6** (선 연결)

7 대충, 튼튼하게

1 글쓴이는 어머니께 숙제가 없다고 거짓말을 했습니다.

3 아기 돼지 삼 형제는 각자 새로운 곳에서 살기 위해 집을 나선 상황입니다.

4 엄마 돼지는 무슨 일을 하든 최선을 다하고, 늑대를 조심하라고 했습니다. 따라서 늑대를 피할 수 있는 집을 짓는 데 최선을 다한 셋째 돼지가 엄마 돼지의 말을 가장 잘 들은 돼지라고 할 수 있습니다.

6 첫째 돼지는 짚으로 집을 지었고, 둘째 돼지는 나무로 집을 지었다고 했습니다. 튼튼한 집을 짓기 위해 고민한 셋째 돼지는 벽돌집을 지었다고 했습니다. 문제를 해결하는 결정적인 요소는 짚, 나무, 벽돌로 지은 집이지만, 학습자가 답을 쉽게 찾지 못하면 그림에 있는 다양한 요소들이 힌트가 될 수 있음을 알려 주세요. 특히 둘째 돼지 그림에 있는 '빵'을 보고 먹을 것을 좋아하는 둘째 돼지임을 유추할 수도 있다는 것을 알려 주세요.

2주 3일

1 초대	**2** 꽃씨
3 별나라 대통령	**4** ①
5 ⑤	**6** ①
7 ④	**8** 요룰루피

1 글쓴이는 별나라 대통령 은꽁수리푸로, 자신의 별이 생겨난 날을 기념하는 자리에 지구에 사는 친구를 '초대'하고 싶어서 이 초대장을 썼습니다.

2 글쓴이는 별나라 꽃동산에 지구의 꽃을 심고 싶어서, 지구에서 아름다운 꽃씨도 가져다 달라고 했습니다.

4 이 글의 앞부분에서 별나라 대통령에게 별나라로 초대해 주셔서 감사하다고 했습니다. 이를 통해 별나라 대통령의 초대를 받은 상황임을 알 수 있습니다.

5 요룰루피 할아버지는 지혜롭고 별나라에 어울릴 꽃도 많이 알고 있어 지구의 대표 동물로 뽑혔다고 했습니다.

7 ㉠이 가리키는 인물은 '요룰루피 할아버지'입니다. 요룰루피 할아버지는 거북이며 매우 지혜로워서 지구의 대표 동물로 뽑혔습니다. 별나라 대통령은 요룰루피 할아버지가 아닌, 은꽁수리푸입니다.

재미있는 어휘 놀이터

○ 사다리를 타고 내려가 낱말에 해당하는 그림을 확인해 보세요.

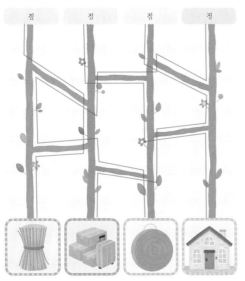

재미있는 어휘 놀이터

○ 다음 그림을 보고, 밑줄 친 말과 뜻이 비슷한 말을 찾아 선으로 이어 보세요.

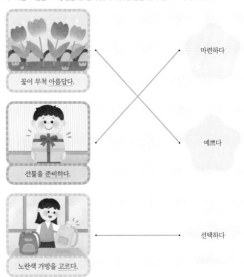

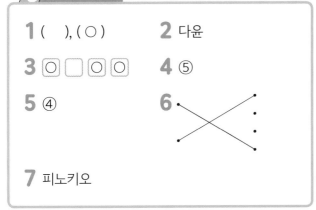

1 ( ), (○) **2** 다윤

3 ○ □ ○ ○ **4** ⑤

5 ④ **6** (선 잇기)

7 피노키오

1 우리나라는 여름에는 비가 많이 오지만, 다른 계절에는 비가 적게 온다고 했습니다. 그래서 계절에 따라 생활에 필요한 물이 부족한 경우가 생긴다고 했습니다. 즉, 우리나라는 계절에 따라 물이 부족한 나라임을 알 수 있습니다.

2 이 글에서 우리나라는 물 부족 국가라고 했습니다. 따라서 이 글을 읽고 난 후에 물을 아껴 쓰자고 한 다윤이의 말이 적절합니다.

3 마녀는 이 글에 나오는 인물이 아닙니다.

4 천사는 멀뚱멀뚱 앞만 바라보고 있던 피노키오에게 말도 하고 움직일 수도 있게 해 주었습니다.

6 어느 날 '밤'에 피노키오 앞에 푸른 머리의 천사가 나타났고, 다음 날 '아침'에 피노키오가 제페토 할아버지에게 걸어와 인사를 했습니다. 짐작으로 문제를 풀면 안 되며, 글에 제시된 내용을 바탕으로 답을 찾아야 함을 알려 주세요.

재미있는 **어휘 놀이터**

◎ 다음 그림을 보고, 빈칸에 들어갈 알맞은 말을 골라 ○표 하세요.

1 ② **2** ③

3 ⑤ **4** (선 잇기)

5 호랑이, 곶감 **6** 곶감

1 시의 제목이 '꾀병'인 점, 아프지만 약은 주지 않아도 된다는 점 등을 통해 이 시의 말하는 이는 엄마의 관심을 받고 싶어서 꾀병을 부리고 있음을 알 수 있습니다.

2 이 글의 두 번째 문장 '호랑이는 배가 고파서 어슬렁어슬렁 마을로 내려갔어요.'에서 알 수 있습니다.

3 엄마는 아기의 울음을 그치게 하려고, 늑대나 호랑이처럼 무서운 동물이 왔다고 거짓말을 한 것입니다.

4 호랑이는 곶감이 자신보다 더 무서운 것인 줄 알고 곶감에게 잡힐까 봐 재빨리 도망을 갔습니다.

5 호랑이는 무서운 자신이 왔다고 해도 울음을 그치지 않던 아기가 곶감이라는 말에 울음을 뚝 그친 것을 보고, 곶감이 자신보다 더 무서운 존재라고 생각했습니다.

재미있는 **어휘 놀이터**

◎ 다음 밑줄 친 흉내 내는 말을 알맞게 표현한 그림에 ○표 하세요.

'토실토실'은 '보기 좋을 정도로 살이 통통하게 찐 모양'을, '쩍'은 '입이나 팔, 다리 등을 아주 크게 벌리는 모양'을, '후다닥'은 '갑자기 빠르게 뛰거나 몸을 움직이는 모양'을 뜻합니다.

3주 인물의 마음 파악하기

3주 1일

🌰 뿌듯하다

---

❶ ✌️ ③   ✌️ ☐☐⭕

     ✌️ ( ), ( ), (⭕)

---

❷ ✌️ ⑤   ✌️ ④

     ✌️ ④

❶

✌️ 빨간 모자는 숲길이 어둡고 늑대가 나타날까 봐 무섭다고 했습니다. 사람들이 무서울 때 어떤 표정을 짓는지 떠올리게 하고, 제시된 그림 중에서 찾을 수 있게 지도해 주세요.

❷

✌️ 글쓴이는 나물 반찬을 보고 갑자기 할머니가 보고 싶어졌다고 했습니다.

재미있는 어휘 놀이터

⭕ 다음 그림을 보고, 밑줄 친 말과 뜻이 반대되는 말을 찾아 선으로 이어 보세요.

숲길이 어둡다.

학교를 가다.

우리 사이는 매우 가깝다.

오다

멀다

밝다

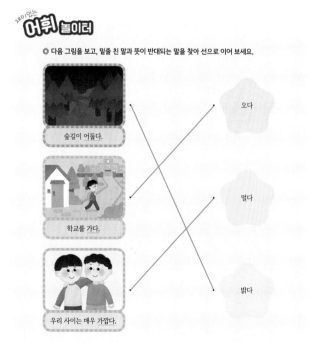

3주 2일

1 ③   **2** ③, ⑤

3 ( ), (⭕), ( )   **4** ⑤

5 ⑤   **6** ☐☐⭕

7 (4), (2), (3)   **8** 체육 대회

---

2 이 글에서 '재미있습니다', '즐겁습니다'와 같이 서연이의 마음 상태를 나타내는 말에 유의하며 글을 읽을 수 있도록 지도해 주세요.

3 이 글에서 오늘은 체육 대회 날이라고 했습니다. 따라서 체육 대회 장면을 나타낸 그림을 찾도록 이끌어 주세요.

5 색 카드 뒤집기 경기를 했을 때, 우리 반은 색 카드를 빨간색으로 뒤집어야 한다고 했습니다. 이를 통해 '색 카드 뒤집기'는 우리 편을 뜻하는 색으로 색 카드를 뒤집어 놓는 경기임을 짐작할 수 있습니다.

6 글쓴이는 50미터 달리기에서 2등을 해서 아쉬웠다고 했습니다.

7 글쓴이는 처음에 색 카드 뒤집기 경기를 했고, 그다음에는 50미터 달리기를 했으며, 다음으로 공 굴리며 달리기 경기, 마지막으로 음악에 맞추어 무용을 했다고 했습니다.

재미있는 어휘 놀이터

⭕ 다음 그림을 보고, 흉내 내는 말을 보기에서 골라 빈칸에 알맞게 쓰세요.

| 보기 | 사뿐사뿐 | 꾸벅꾸벅 | 소곤소곤 | 쿵쾅쿵쾅 |

동생이 깨지 않도록 |사|뿐|사|뿐| 걸었다.

친구가 화가 났는지 |쿵|쾅|쿵|쾅| 큰 소리로 걸었다.

옆의 친구와 |소|곤|소|곤| 이야기를 나누었다.

언니가 피곤했는지 |꾸|벅|꾸|벅| 졸고 있다.

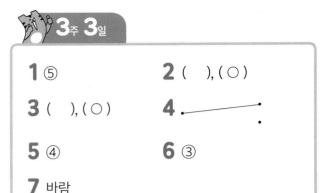

1 ⑤

2 ( ), (○)

3 ( ), (○)

4 ·——·

5 ④

6 ③

7 바람

2 말하는 이는 딴 아이가 내 딱지를 치려고 할 때 가슴이 조마조마하며, 딱지가 홀딱 넘어갈 때 내가 넘어가는 것만큼 긴장되었음을 알 수 있습니다. 이것은 그만큼 내 딱지가 넘어가지 않았으면 좋겠다는 마음을 표현한 것입니다.

3 바람은 버려진 빈 병이 혼자 쓸쓸할까 봐 걱정이 되어서 같이 놀아 주려고 빈 병 속으로 들어갔습니다.

4 '병은 / 기분이 좋았습니다.'에서 빈 병은 바람이 함께 놀아 주려고 들어와서 기분이 좋아졌음을 알 수 있습니다.

5 바람은 빈 병과 함께 놀기 위해 빈 병 속으로 들어갔습니다. 따라서 "보오 보오."는 바람이 빈 병에 들어가서 나는 소리라고 할 수 있습니다.

6 바람은 숲속에 버려진 빈 병을 보고 빈 병이 쓸쓸할 것이라고 생각했습니다. 즉, 바람은 상대가 말을 하지 않아도 상대의 처지나 기분을 헤아리는 성격임을 짐작할 수 있습니다.

1 (3) ○

2 □ □ ○ □

3 ③

4 ②

5 ③

6 ③

7 어부

1 매는 독사가 죽어 있는 샘물을 칭기즈 칸이 마시면 위험해지는 것을 알고, 칭기즈 칸이 물을 마시지 못하도록 계속 물잔을 엎은 것입니다.

3 어부의 말을 통해 어부의 상황을 짐작할 수 있습니다. 어부는 어제도 빈손으로 돌아갔다고 했습니다. 따라서 처음 던졌던 그물에 잡힌 것이 아무것도 없는 것을 확인했을 때, 어부는 실망하는 마음과 아무것도 못 잡고 돌아갈까 봐 걱정하는 마음이 들었을 것입니다.

5 '~멸치들은 바들바들 몸을 떨었습니다.'의 다음 문장에서 알 수 있습니다. 멸치들은 육지로 끌려가면 꼼짝없이 죽는다고 생각해서 두려운 마음에 몸을 떨었던 것입니다.

6 멸치들이 목숨이 위태로운 상황에서 어부에게 살려 달라고 애원하는 장면이므로, 간절한 마음이 담겨 있을 것입니다. '간절하다'는 '마음속에서 우러나와 바라는 정도가 매우 강하다.'를 뜻합니다.

7

1 산

2 ㉠: ②, ㉡: ⑤ , ㉢: ④

3 ④   **4** ( ), (○), ( )

5 ③

6 속상했구나, 힘들었을 거야, 힘내

7 하얀

1 진행자의 말을 통해 알 수 있습니다. 진행자는 어제 우리 학교 1학년 학생들이 우리 지역에서 가장 아름다운 '산'으로 체험 학습을 다녀왔다고 했습니다.

2 아름다운 풍경을 보았을 때, 친구가 장난을 치고 놀렸을 때, 쓰레기가 버려진 자연을 보았을 때를 떠올리며 그때 자신의 기분은 어떠할지 생각해 보도록 합니다.

3 양치기 할아버지는 까만 털을 가진 아기 양을 '까만 아기 양'이라고 부른다고 했습니다. 양을 이끄는 일을 하는 인물은 양치기 개 폴로입니다(③). 또한 이 글의 마지막 부분에 제시된 할아버지의 말을 통해 까만 아기 양이 양치기 할아버지에게 소중한 존재임을 알 수 있습니다(⑤).

4 양치기 개 폴로는 자신의 말을 잘 따르지 않는 까만 아기 양을 못마땅하게 생각하며, 까만 아기 양은 폴로가 자기만 미워한다고 생각하여 폴로에게 불만이 있습니다.

5 까만 아기 양은 자신의 까만 털을 못마땅하게 생각하며 눈처럼 하얀 털을 가지고 싶어 합니다. 그래서 하얀 털실로 짠 스웨터를 입으면 자신의 까만 털이 하얀 털처럼 보일 것이라고 생각한 것입니다.

어휘 놀이터

◎ 보기를 보고, 다음 문장에 어울리는 말을 골라 O표 하세요.

> 보기
> • 세다: 수를 헤아리다.
> • 새다: 틈이나 구멍으로 물이나 공기 등이 빠져나가다.

귤이 몇 개 남았는지
(새다 / **세다**).

공에 구멍이 나서 공기가
(**새다** / 세다).

그릇에 금이 가서 국물이
(**새다** / 세다).

선생님이 학생들의 수를
(새다 / **세다**).

비슷한 모양의 모음자로 인해 쉽게 헷갈릴 수 있는 말입니다. 수를 헤아릴 때에는 '세다'를 쓰고, 틈이나 구멍 등으로 무엇인가가 빠져나갔을 때에는 '새다'를 씁니다. 따라서 귤의 수나 학생의 수를 헤아릴 때에는 '세다'를, 공의 구멍으로 공기가 빠져나가거나 그릇의 금 사이로 국물이 빠져나가는 경우에는 '새다'를 쓰는 것이 적절합니다.

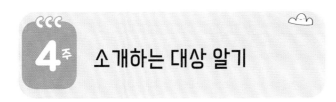

4주 1일

🌰 필통

① 🤞 ①   ✌️ ①

    🖐 좋다

② 🖐 코끼리   ✌️ ③

    🖐 ☐ ☐ ○

①

✌️ 이 글에서 '나(글쓴이)'는 여덟 살이고 형은 열 살이라고 했습니다.

②

✌️ 이 글에서 코끼리의 귀는 얇고 크다고 했습니다.

🖐 이 글의 마지막 문장에서 보통 가장 나이 많은 암컷이 무리를 이끈다고 했습니다.

재미있는 어휘 놀이터

◎ 다음 밑줄 친 말과 뜻이 반대되는 말을 골라 ○표 하세요.

엄마는 나이가 많고,
나는 나이가 (작다 / (적다)).

형은 키가 크고,
나는 키가 ((작다) / 적다).

사탕의 개수는 적고,
초콜릿의 개수는 ((많다) / 크다).

노란 옷의 크기가 작고,
빨간 옷은 크기가 (많다 / (크다)).

4주 2일

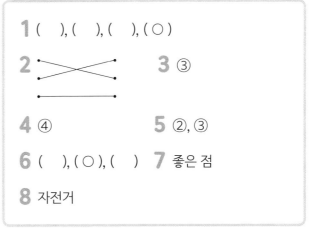

1 (   ), (   ), (   ), (○)

2 (연결선 교차)

3 ③

4 ④

5 ②, ③

6 (   ), (○), (   )

7 좋은 점

8 자전거

1 이 글에서 소개하는 대상은 글쓴이의 저금통입니다. 전체적으로 둥글고, 짧은 다리가 달린 흰 토끼 모양으로, 등 부분에 동전을 넣는 구멍이 뚫려 있습니다. 이런 조건을 모두 만족하는 그림을 찾도록 이끌어 주세요.

4 이 글의 마지막 문장 '한 가지 아쉬운 점은 속도를 알 수 있는 장치가 없다는 것입니다.'에서 글쓴이의 자전거에는 속도를 알 수 있는 장치가 '없음'을 알 수 있습니다.

5 이 글에서 '자전거의 모양(바구니와 벨이 있는 노란색 네발자전거)'과 '자전거를 산 때(작년 글쓴이 생일날)', '자전거를 가지고 싶었던 까닭(친구가 자전거를 멋지게 타는 모습을 봐서)' 등에 대해서는 소개하고 있지만, '자전거의 가격'과 '산 곳'에 대한 내용은 나타나 있지 않습니다.

6 글쓴이의 자전거는 노란색 네발자전거로, 바구니와 벨이 달려 있습니다.

재미있는 어휘 놀이터

◎ 다음 자전거 그림을 보고, 화살표가 가리키는 곳의 이름을 [보기]에서 골라 쓰세요.

[보기]   바퀴   안장   페달   핸들

핸들
- 운전하기 위해 손으로 잡는 부분

안장
- 자전거를 타는 사람이 앉는 자리

페달
- 발로 밟아서 자전거를 움직이게 하는 장치

바퀴
- 자전거가 굴러갈 수 있게 하는 것

4주 3일

1 (○), ( ), ( ) 2 ④, ⑤

3 ☐ ☐ ☐ ☐ ○ 4 진이

5 한라산 6 ③, ⑤

7 ③ 8 제주도

4주 4일

1 ☐ ○ ☐ ☐

2 (○), ( ), ( ), ( )

3 ④ 4 줄무늬

5 ( ), (○) 6 ⑤

7 ④, ⑤ 8 ⑤

9 바코드

---

1 윤기가 혜빈이에게 소개한 경기는 '농구'입니다. 첫 번째 그림은 농구, 두 번째 그림은 축구, 세 번째 그림은 배구를 나타낸 것입니다. 학습자가 농구, 축구, 배구를 모른다고 하더라도, '손으로 공을 주고받는 점', '골대에 공을 던져서 점수를 얻는 점' 등을 통해 첫 번째 그림이 농구임을 알 수 있습니다.

4 제주도는 비가 오면 빗물이 바로 땅속으로 스며들어서 물이 차 있어야 하는 논농사는 짓기 어렵다고 했습니다. 그래서 논처럼 많은 물이 필요하지 않은 밭이 더 많다고 했습니다.

6 이 글의 마지막 문단에서 제주도의 자랑거리로, 제주도에서 가장 높은 산인 '한라산'과 아름다운 '돌담'을 소개하였습니다. 구멍이 숭숭 뚫린 '바위'에 대한 내용은 제주도 땅의 특징일 뿐 자랑거리로 설명한 것은 아닙니다.

7 글쓴이는 제주도 땅의 특징, 제주도의 자랑거리 등 자신이 제주도에 대해 알게 된 것을 소개하고 싶어서 이 글을 쓴 것입니다.

---

2 이 글에서 설명한 옛날 전화기는 과자 상자 모양이고 까만색이며, 전화기 가운데에 손가락으로 돌릴 수 있는 크고 동그란 장치가 있다고 했습니다. 또한 동그란 장치 안에 0에서 9까지의 숫자가 하나씩 쓰여 있다는 설명으로 보아, 첫 번째 사진임을 알 수 있습니다.

4 포장지에 그려진 '검고 흰 줄무늬'가 바코드라고 했습니다.

6 바코드에는 물건에 대한 정보(물건의 이름, 물건을 만든 나라와 회사, 물건의 가격과 종류)가 담겨 있다고 했습니다. 하지만 '물건을 사는 사람'은 바코드에 담긴 정보와는 거리가 먼 내용입니다.

8 바코드를 이용하면 물건값을 쉽고 빠르게 계산할 수 있고, 판매한 물건과 남은 물건도 쉽게 알 수 있기 때문에 물건을 파는 사람들의 수고를 덜어 줍니다.

재미있는 어휘 놀이터

◉ 다음 그림을 보고, 빈칸에 들어갈 알맞은 말을 보기에서 골라 쓰세요.

| 보기 | 밭 | 논 | 과수원 |

논 은 주로 벼농사를 짓기 위해 물을 막아 가두어 놓은 땅이에요.

밭 은 물이 차 있지 않고 필요할 때에만 물을 대어서 채소 등을 심는 땅이에요.

과 수 원 은 과일나무를 많이 심어 놓은 땅이에요.

재미있는 어휘 놀이터

◉ 다음 밑줄 친 말과 뜻이 비슷한 말을 골라 ○표 하세요.

옛날에는 말을 타고 다녔어요.
과거   현재

요즘에는 차 타고 다녀요.
미래   현재

훗날에는 하늘을 나는 자동차를 탈 수도 있어요.
과거   미래

10

1 ( ), (○), ( ), ( )

2 (1)○ (2)○ (3)X **3** □□□ ○

4 ⑤ **5** 훈민정음

6 ⑤ **7** ( ), (○), ( )

8 세종 대왕

1 몸의 때를 씻어 내기 위해 사용했다는 점, 다양한 향기와 모양이 있다는 점, 물이 묻으면 거품이 보글보글 생긴다는 점에서 '이것'이 '비누'임을 알 수 있습니다.

2 옛날에는 돈이 많은 사람이나 높은 지위를 가진 사람만 비누를 썼지만, 프랑스의 르블랑이 일반 사람들도 손쉽게 쓸 수 있게 만들었다고 했습니다.

4 세종 대왕은 익히기 어려운 글자인 한자를 배우지 못해 백성들이 불편해하는 것을 안타깝게 여겨, 쉽게 익힐 수 있는 우리나라 글자인 '훈민정음'을 만들었다고 했습니다.

6 세종 대왕이 비의 양을 잴 수 있는 측우기와 농사에 대한 정보를 담은 책을 만든 까닭은 백성들이 농사를 좀 더 쉽게 짓기를 바랐기 때문입니다.

7 세종 대왕이 훈민정음, 측우기, 농사와 관련된 책을 만든 일과 나라의 힘을 기른 일은 모두 '백성'들을 위해 한 일입니다.

재미있는 어휘 놀이터

◎ 다음 밑줄 친 말과 뜻이 비슷한 말을 골라 O표 하세요.

수영을 배우다.
익히다 / 가르치다

몸이 튼튼하다.
약하다 / 건강하다

여우가 자신의 새끼를 지키다.
혼내다 / 보호하다

누나가 과자를 다 가지다.
빼앗기다 / 차지하다

5주 시간과 장소 파악하기

외나무다리

① ☞ □□ ○ □

✌ 신발 가게, 학교 운동장

② ☞ ( ), (○), ( )

✌ ②, ③ ✌ (1) 2 (2) 3 (3) 1

①

✌ 가은이는 신발 가게에서 노란 운동화를 사고, 학교 운동장에 가서 술래잡기를 했습니다.

②

☞ 글의 첫 번째 문장에 '추석'이라고 나와 있습니다. 대보름은 음력 1월 15일로, 새해 첫 보름달이 뜨는 날입니다. 대보름은 부럼을 깨물며 약밥이나 오곡밥 등을 먹는 날로 추석과 다른 명절임을 알려 주세요.

재미있는 어휘 놀이터

◎ 다음 밑줄 친 말과 뜻이 반대되는 말을 찾아 선으로 이어 보세요.

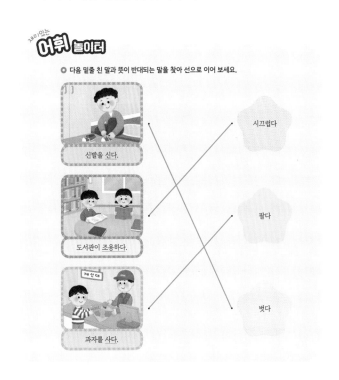

신발을 신다.

도서관이 조용하다.

과자를 사다.

시끄럽다

팔다

벗다

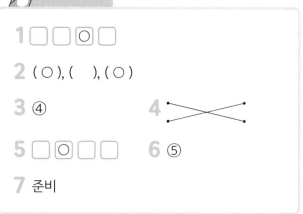

5주 2일

1 □ □ ○ □ □

2 (○), ( ), (○)

3 ④   4 ╳

5 □ ○ □ □   6 ⑤

7 준비

5주 3일

1 재활용 공장   2 (1) ○ (2) ○ (3) X

3 ⑤   4 ④

5 ⑤   6 (○), (○), ( )

7 ②   8 소방서

---

2 글쓴이는 고구마밭에 가서 고구마를 캔 후에 오리들이 있는 연못을 구경하러 갔습니다. 놀이터에 갔다는 내용은 이 글에 나타나지 않았습니다.

3 베짱이는 개미들이 열심히 일할 때 놀기만 했습니다. 반면 개미는 부지런하고 열심히 일했으며, 어려운 상황에 처한 베짱이를 도와주었습니다.

4 베짱이는 여름에 먹이를 모으지 않고 시원한 나무 그늘 아래에서 노래만 불렀으며, 겨울에는 먹이가 없어 추위와 배고픔으로 힘들어했습니다.

2 우리 반 친구들이 재활용 공장에서 처음 간 곳은 '쓰레기를 손으로 직접 나누는 곳'입니다.

4 입장료는 없으며(①), 인명 구조 훈련장에서 소방관 아저씨들이 훈련하는 모습을 볼 수 있습니다(②). 견학 시간은 오전 10시부터 11시 30분까지이며(③), 소방관 아저씨들이 시범을 보일 때에는 떠들지 않아야 합니다(⑤).

6 두 번째 항목인 '가는 까닭'에 '소방관 아저씨들이 하시는 일을 알아본다.'와 '소방관 아저씨들께 감사한 마음을 갖는다.'라고 나와 있습니다. 소방관이 되는 방법은 이 글에 나타나 있지 않습니다.

7 여섯 번째 항목인 '견학하는 내용'의 '홍보 전시관'에서 사다리차를 보고, 소방관 옷을 입어 보고, 소방차와 구급차를 볼 수 있으며, '인명 구조 훈련장'에서 소방관이 훈련하는 모습을 볼 수 있습니다. 하지만 개인 소화기 만들기는 이 글에 제시된 내용이 아닙니다.

재미있는 어휘 놀이터

◉ 다음 인물의 상황에 어울리는 말을 골라 ○표 하세요.

'덥다'는 '몸에서 땀이 날 만큼 체온이 높은 느낌이 있음'을 뜻하고, '따뜻하다'는 '덥지 않을 정도로 온도가 알맞게 높음'을 뜻합니다. '춥다'는 '몸이 떨리고 움츠러들 만큼 찬 느낌이 있음'을 뜻하고, '시원하다'는 '덥거나 춥지 않고 알맞게 서늘함'을 뜻합니다.

재미있는 어휘 놀이터

◉ 다음 그림을 보고, 빈칸에 들어갈 알맞은 말을 찾아 선으로 이어 보세요.

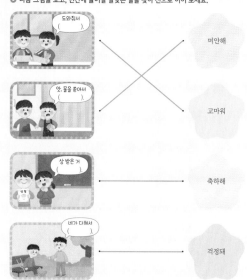

1 여름, 가을   **2** 쌀

3 ④   **4** 밤, 아침, 저녁

5 등잔, 기름   **6** (1) 4 (3) 2 (4) 3

7 호랑이

1 시간을 나타내는 말에는 '봄, 여름, 가을, 겨울'도 있음을 알려 주세요. 시간 순서대로 글을 정리하면 글을 좀 더 이해하기 쉽다는 것도 함께 알려 주세요.

2 이 글의 마지막 문장에서 '벼'를 거두어 말리고 찧은 것이 '쌀'이 된다고 했습니다.

3 호랑이가 아침에 소금 장수를 통째로 삼키고, 저녁에 기름 장수를 한입에 삼켰습니다. 그래서 소금 장수와 기름 장수는 호랑이 배 속에서 만나게 되었습니다.

6 어느 날 '아침' 호랑이가 소금 장수를 삼켰고, '저녁'에는 기름 장수를 삼켰습니다. '밤'에 호랑이 배 속에서 소금 장수와 기름 장수가 만나서 등잔에 불을 켜다가 등잔이 엎어지면서 호랑이 배 속에서 불이 붙었습니다.

재미있는 어휘 놀이터

◎ 다음 그림을 보고, 빈칸에 들어갈 알맞은 말을 보기 에서 골라 쓰세요.

보기   굶다   닮다   삶다   옮다

계란을 삶 다 .

체해서 저녁을 굶 다 .

아버지와 아들이 서로 닮 다 .

친구에게서 감기가 옮 다 .

'굶다'는 '식사를 거르다.'를, '닮다'는 '둘 이상의 사람이나 사물이 서로 비슷한 생김새나 성질을 지니다.'를, '삶다'는 '물에 넣고 끓이다.'를, '옮다'는 '병이 다른 사람에게 전염되거나 다른 사람에게서 전염되다.'를 뜻합니다.

1 (2), (3), (1)   **2** 소희

3 ④   **4** 멧돼지

5 (1) 옷 (2) 굴, 뼈 (3) 집

6 ②   **7** 은혜

1 글쓴이는 학교에서 친구와 장난을 치다가 다쳤고, 병원에 가서 석고 붕대를 한 후 집으로 돌아왔습니다. 이야기의 진행에 따른 장소의 변화를 알 수 있도록 지도해 주세요.

2 이 글의 두 번째 문장 '현수를 놀리고 달아나다가 다른 친구와 부딪혀 계단에서 넘어지는 바람에 나는 다리를 다쳤다.'에서 알 수 있습니다.

5 이 이야기도 '숲 → 호랑이 굴 → 나무꾼의 집' 순서대로 내용을 정리하면 이야기의 흐름이 보다 쉽게 이해된다는 점을 알려 주세요.

6 나무꾼은 무서움을 꾹 참고 호랑이의 목구멍에 손을 넣어 뼈를 빼내 줄 만큼 착하고 남을 도울 줄 아는 인물입니다.

7 '은혜'는 '기꺼이 베풀어 주는 도움'이라는 뜻입니다. 나무꾼이 호랑이에게 은혜를 베풀자, 호랑이도 그 은혜를 잊지 않고 나무꾼에게 갚았다는 내용을 담고 있습니다.

재미있는 어휘 놀이터

◎ 다음 밑줄 친 말과 뜻이 비슷한 말을 골라 ○표 하세요.

주아는 한참 공부를 했다.
오랫동안   급히

친구를 보러 잠깐 나왔다.
한동안   잠시

민영이는 늘 친절하다.
가끔   항상

미리 나와서 친구를 기다리고 있었다.
먼저   나중에

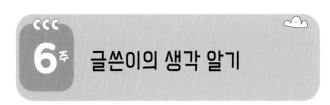

6주 글쓴이의 생각 알기

🌰 소음

1 ✌️ ②　　　　　✌️ (　), (○), (　)

　 ✌️ 쓰레기

2 ✌️ (○), (　), (　)

　 ✌️ ④　　　　　✌️ 고마웠고

1

✌️ 글쓴이는 냇가 주변에 쓰레기가 널려 있고 물도 너무 더러웠다고 했습니다.

2

✌️ 글쓴이가 처한 상황과 태민이가 글쓴이에게 했던 일을 떠올리게 해 주세요. 글쓴이는 전학을 와서 모든 것이 낯선 상황이었는데, 태민이에게 여러 도움을 받았습니다. 따라서 태민이에게 고마운 마음을 가지게 된 것입니다.

재미있는 어휘 놀이터

◉ 보기를 보고, 다음 문장에 어울리는 말을 골라 ○표 하세요.

> 보기 •잊어버리다: 한번 알았던 것을 기억하지 못하다.
> 　　　 •잃어버리다: 가졌던 물건을 흘리거나 놓쳐서 더 이상 갖지 않게 되다.

공원에서 물통을
(잊어버리다 / **잃어버리다**).

비밀번호를
(**잊어버리다** / 잃어버리다).

아끼던 인형을
(잊어버리다 / **잃어버리다**).

친구 동생의 이름을
(**잊어버리다** / 잃어버리다).

---

1 (　), (○), (　)　　2 ①

3 □ ○ □　　　　　　　　4 ④

5 ①, ③　　　　　　　　　6 ②

7 (○), (○), (　)　　8 습관

2 글쓴이는 동생에게 예방 주사를 맞으면 좋은 점에 대해 설명하고, 동생과 함께 씩씩하게 예방 주사를 맞았습니다. 따라서 글쓴이는 예방 주사를 맞아야 한다고 생각함을 알 수 있습니다.

3 이 글의 앞부분 '수아야, 요새 네가 감기에 걸려서 힘들어하는 모습을 보니 엄마 마음이 아프구나.'에서 알 수 있습니다.

5 엄마는 좋은 생활 습관으로 날씨에 맞게 옷을 입는 것, 몸을 깨끗이 씻는 것 두 가지를 들고 있습니다.

6 이 글의 마지막 부분 '수아야, 엄마의 부탁을 꼭 들어주렴.'에서 알 수 있듯이, 엄마는 수아가 건강하게 지내기 위해 좋은 생활 습관을 가져 달라는 부탁을 하려고 편지를 썼습니다.

7 엄마는 옷을 얇게 입고 다니는 수아가 날씨에 맞는 옷을 입기를 바랍니다. 따라서 옷을 얇게 입고 편하게 뛰어다닌다는 내용으로 답장을 쓰는 것은 적절하지 않습니다.

재미있는 어휘 놀이터

◉ 다음 빈칸에 들어갈 알맞은 말을 보기에서 골라 쓰세요.

> 보기　주사　입원　진찰　수술

의사 선생님께 진 찰 을 받았다.
└ 의사가 치료를 위해 환자의 병이나 상태를 살핌.

주 사 를 맞아 눈물이 찔끔 났다.
└ 주사기를 통해 몸에 약이나 된 약물을 직접 넣는 일

열이 떨어지지 않아 입 원 을 했다.
└ 병을 고치기 위해 일정 기간 병원에 들어가 지냄.

의사 선생님이 수 술 을 한다.
└ 병을 고치기 위해 몸의 부분을 째고 자르거나 붙이거나 꿰매는 일

14

1 ⑤   **2** 늦잠

3 ③   **4** 공기

5 •——————•   **6** ⑤
         •

7 나무

1 이불 속에서 꼼지락거린 일은 늦게 일어난 '원인'입니다.

2 이 글의 마지막 문장에 잘 드러나 있습니다. 글쓴이는 다시는 늦잠을 자지 않겠다고 생각했습니다.

3 나무는 큰비가 올 때 흙이 물에 휩쓸리지 않게 도와주는 역할을 할 뿐, 큰비가 오지 않게 해 주는 것은 아닙니다.

4 두 번째 문단에서 나무는 햇빛을 받아 영양분을 만드는 과정에서 깨끗한 공기를 밖으로 내보낸다고 했습니다.

5 세 번째 문단에서 비가 많이 오면 나무는 빗물을 흡수하여 땅속에 저장해 둔다고 했습니다. 나무가 땅에 저장하고 있던 물을 밖으로 내보낼 때는 물이 마를 때입니다.

6 글쓴이는 나무가 깨끗한 공기를 만들어 주고, 가뭄이나 홍수를 막아 주며, 산에 있는 흙이 물에 휩쓸려 내려가는 것을 막아 주는 좋은 점이 있으므로, 나무를 많이 심고 보살펴야 한다고 생각합니다.

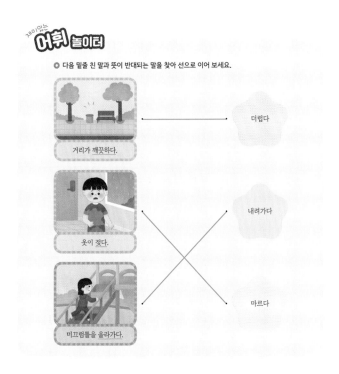

재미있는 어휘 놀이터

◎ 다음 밑줄 친 말과 뜻이 반대되는 말을 찾아 선으로 이어 보세요.

거리가 깨끗하다. — 더럽다

옷이 젖다. — 내려가다

미끄럼틀을 올라가다. — 마르다

1 (1) X (2) X (3) ○ (4) X

2 물   **3** ③

4 □ X □ □   **5** ⑤

6 ①, ④   **7** 호연

8 강아지

1 (1) 무르기 쉬운 과일은 '오렌지'가 아니라 '딸기'입니다. (2) 과일마다 씻는 방법이 조금씩 다르다고 했습니다. 딸기와 오렌지도 씻는 방법이 조금 다르다는 것을 알 수 있습니다. (4) '딸기'가 아니라 '오렌지'를 깨끗한 솔로 문질러서 닦아야 합니다.

2 글쓴이는 과일에 농약이나 더러운 물질이 묻어 있을 수 있으므로, 과일을 물에 담갔다가 흐르는 물에 씻어서 먹어야 한다고 했습니다.

6 ㉠의 바로 뒤 문장에 ㉠과 같이 말한 까닭이 나옵니다. 강아지는 귀여우면서 재롱을 잘 피우기 때문에 강아지를 기르면 우리 가족이 더욱 행복해질 것이라고 했습니다.

7 이 글은 민지가 엄마에게 강아지를 기르는 것을 허락해 달라고 쓴 편지입니다. 엄마의 의견은 집에서는 강아지를 기를 수 없다는 것이므로, 민지는 엄마의 의견에 따르겠다는 것이 아닙니다.

재미있는 어휘 놀이터

◎ 다음 그림을 보고, 빈칸에 들어갈 알맞은 말을 골라 ○표 하세요.

아기 이불이라서 무척 (   ).
보드랍다   딱딱하다

나무 의자라서 (   ).
보드랍다   딱딱하다

길이 얼어서 (   ).
미끄럽다   따끔하다

밤송이에 찔려 (   ).
미끄럽다   따끔하다

1 ⑤ **2** ( ), (○)

3 □□□ ○ **4** 공공장소

5 지호 **6** (○), ( ), ( )

7 ⑤ **8** 예절

1 글쓴이는 얼마 전 다리를 다쳐서 몹시 힘이 들었다고 했습니다.

2 글쓴이는 자신을 도와준 소혁이를 칭찬하고 싶어서 인터넷 게시판에 글을 올렸습니다.

3 이 글은 '휴대 전화'를 사용할 때 지켜야 할 예절에 대해 말하고 있습니다.

4 두 번째 문단의 첫 번째 줄 '학교나 도서관처럼 많은 사람들이 사용하는 공공장소'에서 '공공장소'가 많은 사람들이 사용하는 장소임을 알 수 있습니다. 보통 1학년의 경우에는 글에 제시된 낱말을 찾아 쓰게 합니다. 따라서 다소 어려운 문제라도 제시된 글을 잘 읽으면 충분히 찾을 수 있다고 지도해 주세요.

5 도서관은 공공장소입니다. 공공장소에서 휴대 전화는 진동이나 무음으로 해 두어야 한다고 했습니다.

6 세 번째 문단에서 공공장소에서 통화하게 되면 조용한 목소리로 짧게 통화하는 것이 좋다고 했습니다.

7 글쓴이는 휴대 전화는 사람을 편리하게 해 주지만, 전화 예절을 지키지 않으면 다른 사람을 방해할 수 있다고 생각합니다.

재미있는 어휘 놀이터

◎ 다음 밑줄 친 말의 뜻으로 알맞은 것을 찾아 선으로 잇고, 아래의 낱말을 따라 쓰세요.

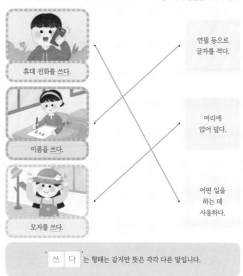

휴대 전화를 쓰다.

이름을 쓰다.

모자를 쓰다.

연필 등으로 글자를 적다.

머리에 얹어 덮다.

어떤 일을 하는 데 사용하다.

쓰 다 는 형태는 같지만 뜻은 각각 다른 말입니다.

'쓰다'는 형태는 같지만 뜻이 다른 낱말입니다. '쓰다'라는 글자 형태만 같을 뿐, 뜻은 '어떤 일을 하는 데 사용하다.', '연필 등으로 글자를 적다.', '머리에 얹어 덮다.' 등 서로 전혀 다름을 알 수 있습니다.

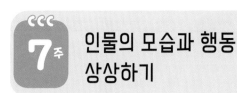

7주 인물의 모습과 행동 상상하기

① ✌ 이 　　　　　✌ ( ), (○), ( )

　 ✌ ( ), ( ), (○), ( )

② ✌ ╳

　 ✌ 놀부, 흥부

①

✌ 민아가 울음을 터뜨린 까닭은 이가 아파서입니다.

②

✌ 놀부는 부모님의 재산을 모두 차지하여 부자로 살았지만, 흥부는 돈 한 푼도 받지 못한 채 집에서 쫓겨나 가난하게 살았다고 했습니다. 따라서 기와집에서 살고 비단옷을 입은 인물이 놀부이고, 초가집에서 살고 허름한 옷을 입은 인물이 흥부임을 알려 주세요.

재미있는 어휘 놀이터

◎ 다음 그림을 보고, 인물의 표정을 나타내는 말로 알맞은 것을 찾아 선으로 이어 보세요.

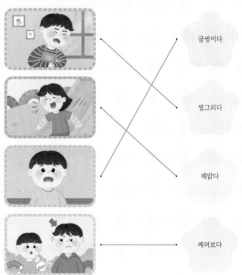

---

1 ①□ 　　　　2 ( ), (○), ( )

3 (○), ( ) 　　4 ⑤

5 부리 　　　　　6 해수

7 (○), ( ), ( ) 8 배려

1 염소 친구들이 놀이를 막 시작하려고 할 때 갑자기 빗방울을 뚝뚝 떨어져서 염소 친구들이 울상이 되었다고 했습니다.

2 해님이 방긋 웃으며 다시 나타났을 때 염소 친구들은 신이 나서 폴짝폴짝 뛰며 좋아했다고 했습니다. 따라서 이러한 모습이 잘 드러난 그림을 찾으면 됩니다.

4 ㉠의 바로 뒤 문장을 통해 알 수 있습니다. 여우가 납작한 접시에 음식을 담아 주었기 때문에 두루미가 식탁을 보고 깜짝 놀랐던 것입니다.

6 두루미는 여우의 초대를 받았을 때에는 신이 났지만, 자기를 배려하지 않은 여우의 행동 때문에 결국 화가 난 채로 집으로 돌아왔습니다.

7 여우는 두루미의 부리를 생각하지 않고 납작한 접시에 음식을 담아 주었습니다. 따라서 두루미 앞에는 납작한 접시가 있어야 하며, 두루미는 부리 때문에 음식을 먹지 못해서 당황해하는 모습이 적절합니다.

재미있는 어휘 놀이터

◎ 다음 그림을 보고, 빈칸에 들어갈 알맞은 말을 골라 ○표 하세요.

1 □ □ □ □ ○   **2** (○), ( )

3 ④   **4** ②

5 ○ □ □   **6** ( ), (○), ( )

7 신경 쓰지 않고

3 아이들이 자주 하는 실수 중 하나가 글에 나온 낱말이 보이면 맞다고 생각하는 것입니다. 글에 쓰인 낱말이 문제에 보이더라도 그 내용이 맞게 서술되어 있는지 확인하는 것이 중요하다는 것을 알려 주세요.

4 이 시에서 산복이는 손에는 땟국, 맨발에는 흙먼지가 묻어 있고, 피부는 가무잡잡하다고 묘사되어 있습니다. 이를 바탕으로 산복이를 보고 멍멍이가 '엉아야', 까마귀가 '아찌야' 하겠다는 뜻은, 산복이의 모습이 멍멍이(강아지)와 까마귀보다 더 지저분하기 때문임을 알 수 있습니다.

5 '얼룩덜룩'은 '여러 가지 어두운 빛깔의 얼룩이 고르지 않게 있는 모양'을 뜻합니다. 이 시의 흐름상 맨발에 흙먼지가 묻어 '얼룩덜룩'해졌다는 표현이 오는 것이 적절합니다.

6 산복이는 더러워지는 것을 신경 쓰지 않고 자연에서 즐겁게 노는 순수한 아이입니다. 이를 잘 표현한 그림을 고를 수 있게 지도해 주세요.

1 ( ), ( ), ( ), (○)

2 건강   **3** ③

4 ②

5 ⟩⟨ (선 잇기)

6 (○), (○), ( )   **7** 해님

1 복실이는 갈색 털이 윤기 있게 빛나고 귀가 반으로 접혀 있다고 했습니다.

2 이 글의 마지막 문장에서 알 수 있듯이 글쓴이는 사랑하는 복실이가 건강하게 무럭무럭 자라기를 바랐습니다.

3 바람과 해님은 자기가 힘이 세다고 우기며 싸웠습니다.

4 바람과 해님은 길을 가던 나그네의 외투를 누가 벗길 수 있는지 내기를 하였습니다.

5 바람이 세게 불자 나그네는 외투를 더 꽉 잡았으며, 해님이 따뜻하게 햇살을 비추자 나그네는 외투를 벗었습니다.

6 내기가 끝났을 때 나그네는 더워서 외투를 벗은 모습이어야 합니다. 해님이 내기에서 이기고 바람은 내기에서 졌기 때문에, 해님은 웃고 있는 표정, 바람은 시무룩한 표정을 짓는 것이 적절합니다.

재미있는 **어휘** 놀이터

◉ 다음 그림과 낱말의 뜻을 보고, 낱말을 따라 쓰세요.

아이가 맨 발 로 뛰어놀다.
ㄴ 아무것도 신지 않은 발

맨 손 으로 눈을 뭉쳤다.
ㄴ 아무것도 끼지 않은 손

아이가 맨 땅 에 주저앉았다.
ㄴ 아무것도 깔지 않은 땅바닥

'맨-'은 '다른 것은 없는'의 뜻을 더하는 말이에요.

재미있는 **어휘** 놀이터

◉ 다음 밑줄 친 말과 뜻이 반대되는 말을 찾아 선으로 이어 보세요.

힘이 세다. —— 놀다

손을 잡다. —— 헤어지다

친구들과 만나다. —— 약하다

1 ( ), (○), ( ) **2** 코

3

4 ③ **5** □□□○

6 (○), ( ) **7** 부채

1 이 시에서 진이가 아이스크림을 혓바닥으로 날름 핥아먹고, 손가락으로 쏘옥 찍어 먹어서 코와 손에 아이스크림이 묻었다고 했습니다. 따라서 진이의 코와 손에 아이스크림이 묻어 있는 그림을 찾으면 됩니다.

3 빨간 부채를 부치면 코가 길어지고, 파란 부채를 부치면 코가 짧아진다고 했습니다.

5 ㉠의 바로 뒤 문장 '어라! 이거 재미있네.'라고 표현한 부분에서, 나무꾼은 자신의 코가 천장을 뚫은 상황이 재미있다고 생각함을 알 수 있습니다. 만약 두려웠다면 코를 하늘 높이까지 더 길게 늘이지 않고 천장을 뚫었을 때 멈추었을 것입니다.

6 이 글에서 옥황상제는 이상한 것이 궁궐 바닥을 뚫어서 깜짝 놀란 상태입니다. 신하들도 놀라서 옥황상제의 명령대로 나무꾼의 코를 기둥에 꽁꽁 묶었습니다. 이러한 내용이 잘 드러난 그림을 찾으면 됩니다.

재미있는 **어휘 놀이터**

◎ 다음 그림을 보고, 빈칸에 들어갈 알맞은 말을 골라 ○표 하세요.

날씨가 더워서 부채를 ( ).
[부치다] [붙이다]

상처에 반창고를 ( ).
부치다 [붙이다]

어머니가 아이에게 청소를 ( ).
[시키다] 식히다

뜨거운 죽을 후후 불어 ( ).
시키다 [식히다]

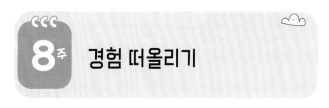

줄넘기

1 ☝ ④ ✌ (○), ( )

2 ☝ ( ), (○) ✌ 소윤 ✌ 욕심

1

✌ 글쓴이는 새치기를 했던 일이 부끄럽고 후회된다고 했으며, 마지막에는 차례를 잘 지켜야겠다고 다짐했습니다. 따라서 차례를 지키지 않았던 기억을 떠올린 친구가 글쓴이와 비슷한 경험을 했음을 알 수 있습니다.

2

✌ 개는 강물에 비친 개가 자신이라는 사실을 모르고 큰 소리로 짖다가 물고 있던 고깃덩어리를 강물에 떨어뜨렸습니다. 따라서 자신보다 더 강한 개한테 고깃덩어리를 빼앗겼다는 설명은 알맞지 않습니다.

재미있는 **어휘 놀이터**

◎ 사다리를 타고 내려가 낱말에 해당하는 그림을 확인해 보세요.

짖다 짓다 짚다 짖다

1 ④, ⑤　　　　**2** 정현

3 ☐ ○ ☐　　　　**4** ⑤

5 ①　　　　**6** 시끄럽게, 방해

7 현관문

1 글쓴이는 필통에 연필이 없어서 짝꿍인 수영이에게 빌리려고 했는데, 수영이도 연필이 하나라서 빌리지 못하고 결국 아무것도 쓰지 못했습니다.

2 글쓴이는 연필을 챙겨 오지 않아서 결국 받아쓰기를 하지 못했습니다. 따라서 준비물을 챙기지 않았던 일을 떠올린 정현이가 글쓴이와 비슷한 경험을 했다고 볼 수 있습니다.

3 솔미는 여진이에게 현관문을 살살 닫아 달라고 부탁하기 위해 편지를 썼습니다.

5 여진이는 자신의 잘못으로 솔미에게 피해를 준 상황이기 때문에, 피하지 말고 솔미에게 미안하다고 사과하고 잘못된 행동을 바로잡아야 합니다.

6 솔미는 옆집에 사는 여진이가 현관문을 세게 닫아서 불편해하고 있습니다. 이와 비슷한 경험을 했다고 했으므로, 동생이 시끄럽게 해서 자신이 방해를 받았던 기억을 떠올렸다는 내용이 적절합니다.

재미있는 어휘 놀이터

◈ 다음 그림을 보고, 물건을 세는 말로 알맞은 말을 찾아 선으로 이어 보세요.

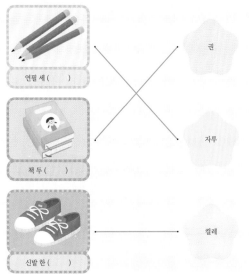

연필 세 (　)　　　권

책 두 (　)　　　자루

신발 한 (　)　　　켤레

---

1 ─────　　　　**2** (　), (○)

3 참새, 노랑나비　　　**4** ⑤

5 ⑤　　　　**6** ③

7 ⑤　　　　**8** 즐거운

1 연주는 놀이 기구를 보고 재미있을 것 같으니 얼른 타자며 신나 있고, 성주는 놀이 기구를 보고 무섭다고 했습니다.

2 이 글에서 성주는 열차 놀이 기구를 타는 것이 무서워서 가슴이 콩닥콩닥 뛴다고 했습니다. 나라도 비행기를 탔을 때 무서웠던 경험을 이야기하고 있습니다.

5 '우리들은 집에 즐거운 일이 있으면 / 다 부릅니다.'에서 알 수 있듯이, 집에 즐거운 일이 있을 때 친구들을 다 부릅니다.

6 이 시는 전체적으로 밝고 즐거운 분위기이므로, 즐거운 목소리로 읽는 것이 적절합니다.

7 이 시에는 즐거운 일이 있을 때 집으로 친구들을 초대한다는 내용이 담겨 있습니다. 따라서 자신의 생일에 친구들을 집으로 초대했던 유진이의 경험이 이 시의 내용과 비슷합니다.

재미있는 어휘 놀이터

◈ 다음 그림을 보고, 밑줄 친 말과 뜻이 비슷한 말을 골라 ○표 하세요.

친구들을 집으로 <u>부른다</u>.　　내보내다　초대하다

버스가 사람들로 <u>차다</u>.　　가득하다　가로채다

방을 <u>정리하다</u>.　　정돈하다　정중하다

친구에게 선물을 <u>주다</u>.　　팔다　건네다

1 □ ○ □ **2** 진아

3 ② **4** (1) X (2) X (3) ○

5  , , ?????

6 현장 체험 학습

1 이 글의 마지막 문장 '나는 음식을 골고루 먹어야 한다고 생각합니다.'에 잘 드러나 있습니다.

2 미영이는 이 글을 통해 음식을 골고루 먹어야 몸이 튼튼해진다고 말하였습니다. 따라서 싫어하는 음식도 열심히 먹었더니 더 건강해진 것 같다는 진아의 말이 적절하다고 볼 수 있습니다. '약'과 '운동'은 이 글에 나타난 내용이 아닙니다.

3 이 글의 '3. 내용'을 통해 알 수 있습니다. 글을 잘 읽고 필요한 내용을 파악할 수 있게 지도해 주세요.

4 이 글의 '5. 참가비'에 제시된 내용을 잘 살펴보면 됩니다. (1) 체험비는 없고, 교통비가 9,380원입니다. (2) 현장 체험 학습 날 갑자기 결석하면 교통비는 돌려드리지 않는다고 하였습니다.

5 '6. 준비물'의 '점심밥(도시락), 물, 비닐봉지, 돗자리, 수첩과 연필'에 해당하는 그림을 찾으면 됩니다.

1 (○), ( ), ( ) **2** (○), ( )

3 ② **4** (○), ( ), (○)

5 물 **6** 청희

7 젊은이

1 전기와 물을 낭비하고 쓰레기를 함부로 버리는 일은 지구를 아프게 하는 행동입니다. 따라서 지구가 아파하고 있는 모습을 찾을 수 있게 지도해 주세요.

2 이 그림은 자원을 낭비하고 환경을 오염시키면 안 된다는 내용을 담고 있습니다. 미주는 물을 낭비했던 경험을 이야기하며 자신의 행동을 반성하고 있으므로 적절합니다.

3 이 글의 첫 번째 문장 '옛날, 어느 마을에 오랫동안 비가 내리지 않았습니다.'에서 알 수 있습니다.

4 이 글에 젊은이가 비를 내리게 했다는 내용은 나타나 있지 않습니다.

6 젊은이가 자라를 살려 줘서 물이 줄어들지 않는 항아리가 생겼고, 그 덕분에 젊은이를 포함한 마을 사람 모두가 가뭄을 이겨 냈다는 이야기로, 착한 일을 해서 복을 받았다는 내용입니다. 따라서 청희가 이 글을 보고 비슷한 경험을 떠올린 친구로 적절합니다.

재미있는 **어휘** 놀이터

◦ 다음 낱말과 반대되는 뜻의 낱말을 찾아 선으로 이어 보세요.

재미있는 **어휘** 놀이터

◦ 다음 그림을 보고, 밑줄 친 말과 뜻이 반대되는 말을 찾아 선으로 이어 보세요.

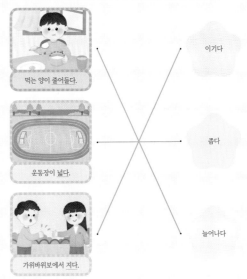

메모

○ 하루 한장 독해 1단계 제재 출처

일차	제재명	지은이	출처
2주 4일 – 2쪽	피노키오	콜로디	『피노키오』, 삼성출판사, 2005.
2주 5일 – 1쪽	꾀병	이어진	『꿈을 찾아 떠나는 여행』, 미래엔, 2018.
3주 3일 – 1쪽	딱지 따먹기	강원식	『딱지 따먹기 – 아이들 시로 백창우가 만든 노래』, 도서출판 보리, 2002.
3주 3일 – 2쪽	바람과 빈 병	문삼석	『참 좋은 동시 60』, 문공사, 2001.
3주 4일 – 2쪽	어부와 멸치	이준연 엮음	『이야기 365일』, 한국프뢰벨, 2003.
3주 5일 – 2쪽	까만 아기 양 폴로	엘리자베스 쇼 글, 유동환 옮김	『까만 아기 양』, 푸른 그림책, 2013.
7주 3일 – 1쪽	두껍아 두껍아	임석재	『두껍아 두껍아 – 우리 아기 놀이책 ⑯』, 다섯 수레, 2009.
7주 3일 – 2쪽	개구쟁이 산복이	이문구	『개구쟁이 산복이』, 창비, 1988.
7주 5일 – 1쪽	아이스크림	최혜영	『알콩달콩 이야기』, 대교, 2007.
8주 3일 – 2쪽	너도 와	이준관	『1학년 동시 교실』, 주니어김영사, 2016.

하루의 학습이 끝날 때마다
붙임딱지를 골라 붙여 쿠키 상자를 꾸며 보세요.

매일매일 학습이 완료되면
쿠키 상자를 채워 봐!

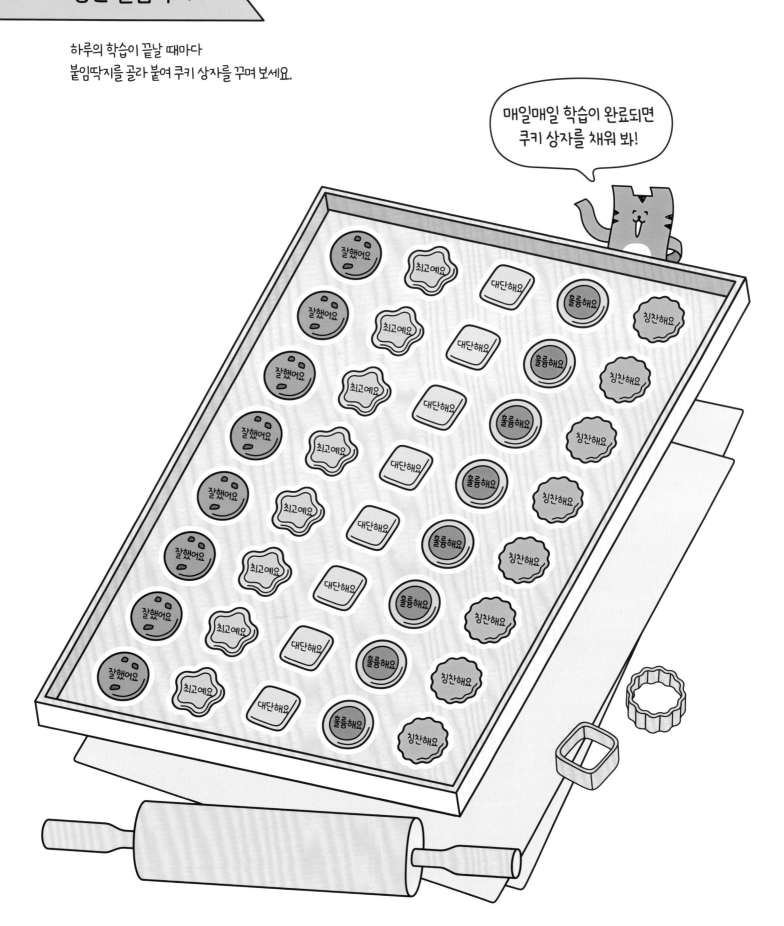

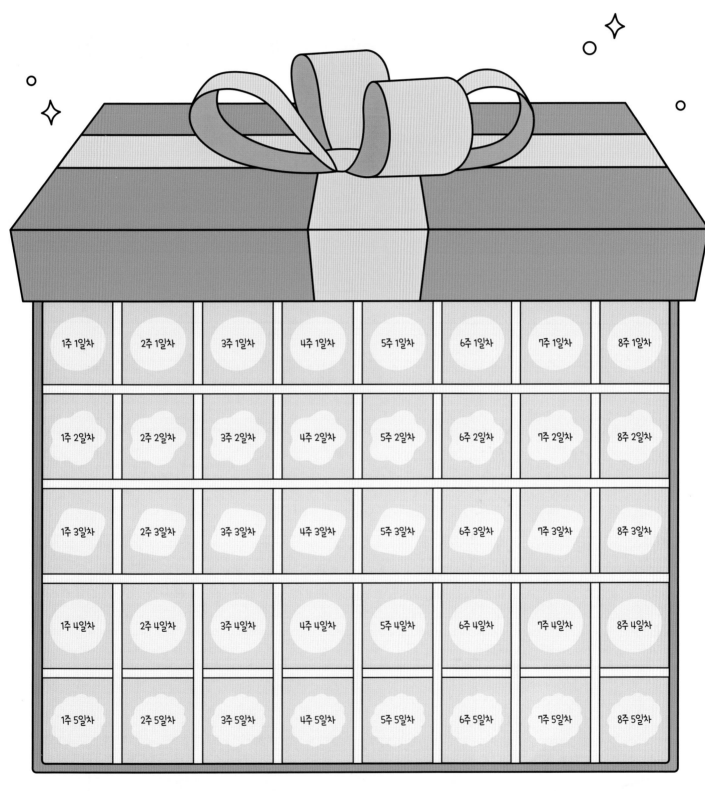

하루 한장 독해
쿠키 상자 꾸미기

독해 실력을 키울 때마다 차곡차곡 채워지는

_____의 쿠키 상자

↑ 이름을 쓰세요.

1주 1일차	2주 1일차	3주 1일차	4주 1일차	5주 1일차	6주 1일차	7주 1일차	8주 1일차
1주 2일차	2주 2일차	3주 2일차	4주 2일차	5주 2일차	6주 2일차	7주 2일차	8주 2일차
1주 3일차	2주 3일차	3주 3일차	4주 3일차	5주 3일차	6주 3일차	7주 3일차	8주 3일차
1주 4일차	2주 4일차	3주 4일차	4주 4일차	5주 4일차	6주 4일차	7주 4일차	8주 4일차
1주 5일차	2주 5일차	3주 5일차	4주 5일차	5주 5일차	6주 5일차	7주 5일차	8주 5일차

쿠키 상자를 다 채웠을 때
부모님과의 약속♥

가위로 선을 따라 잘라 보세요.

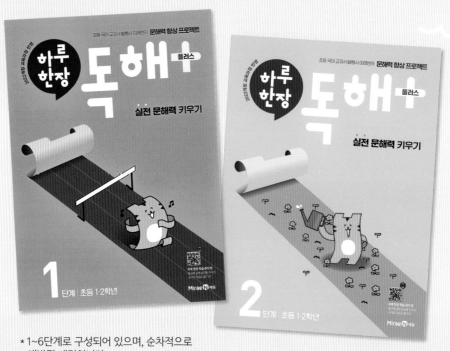

하루 한장 독해⁺

이럴 때 추천해요!

누가? 하루 한장 독해를 다 풀고 독해의 기본기를 다진 학생

언제? 고난도 지문과 문제로 독해 집중 훈련을 하고 싶을 때

교재 미리 보기

* 1~6단계로 구성되어 있으며, 순차적으로
  개발될 예정입니다.

지문을 3단계로 완전 분석하여 독해의 실전 감각을 키워 보세요!

지문을 완전히 파악할 수 있어야 진짜 문해력을 키웠다고 할 수 있습니다.
하루 한장 독해⁺의 **지문 분석 3단계**를 거쳐 지문 분석 능력을 완벽하게 길러 보세요!

1단계	2단계	3단계
어렵고 긴 지문 제시	핵심어 파악하여 지문의 흐름 잡기	지문 구조도 문제로 지문 완벽 분석하기	해설에서 지문의 문장 쪼개 보기

엄선된 7문항을 풀며 다양한 유형의 문제 해결 능력을 키워 보세요!

다양한 영역의 제재에서 다룬 심화 문제도 풀 수 있어야 진짜 문제 해결력을 키웠다고 할 수 있습니다.
하루 한장 독해⁺의 엄선된 7문항을 풀며 문제 해결 능력을 완벽하게 길러 보세요!

구성 한눈에 보기

"하루 한장 독해"로 기본 문해력을 다지고,
새롭게 출간된 "하루 한장 독해⁺" 6단계로 실전 문해력을 높이세요.

교과 학습 단계에 맞추어
체계적으로 실력을 키워
독해의 자신감을 길러요.

* 2022 개정 교육과정에 따라 순차적으로 개발될 예정입니다.